Anselm Grün

Kleine Schule der Emotionen

Das Buch

Angst und Liebe, Hass und Neid – Emotionen sind mehr als nur diffuse Begleitmusik unseres Lebens, Denkens und Handelns. Sie bestimmen unser Denken mit. Sie beeinflussen unsere Entscheidungen. Sie treiben uns an in dem, was wir tun. Und sie geben unserem Daseinsgefühl die bestimmende Färbung. Wir sind ihnen aber nicht ausgeliefert. Wie wir mit ihnen umgehen, ob wir sie kultivieren, bekämpfen oder annehmen und integrieren, davon hängt viel ab - nicht zuletzt unsere eigene Gesundheit, unser Wohlbefinden und das Zusammenleben mit anderen. Achtsam zu sein auf die Affekte der Seele, so mit ihnen umzugehen, dass sie uns lebendig und kraftvoller machen – dazu leitet Anselm Grün an. Er inspiriert dazu, genau hinzuhören: Was steckt hinter unserer Angst? Was ist der Sinn unseres Ärgers? Was sagt uns unsere Wut? Kann man Freude »wollen«? Wir können auch unsere getrübten Emotionen reinigen. Und schon das Hören auf unsere Emotionen kann zu einem wichtigen Schritt auf dem Weg der Entwicklung unserer Spiritualität sein, ein Schritt auf dem Weg zu intensiverem Leben und zu größerem Glück.

Der Autor

Anselm Grün OSB, Dr. theol., geb. 1945, Mönch der Abtei Münsterschwarzach. Geistlicher Begleiter, Autor international erfolgreicher Bücher zu Themen der Spiritualität und Lebenskunst. Sein Monatsbrief »einfach leben« erreicht zahlreiche Leser (www.einfachlebenbrief.de). Unter seinen Büchern zuletzt: Kraftvolle Visionen gegen Burnout und Blockaden; Der Stressengel; Der Engel der Einfachheit; Wie wir leben, wie wir leben könnten; Was der Seele gut tut; Gelassenheit – das Glück des Älterwerdens.

Anselm Grün

Kleine Schule der Emotionen

Wie Gefühle uns bestimmen
und was unser Leben lebendig macht

HERDER

FREIBURG · BASEL · WIEN

HERDER spektrum Band 6775

© Verlag Herder GmbH, Freiburg im Breisgau 2015
Lizenz Verlag Herder
www.herder.de

Umschlagkonzeption: Agentur RME Roland Eschlbeck
Umschlaggestaltung: Verlag Herder
Umschlagmotiv: © Getty Images
Satz: Barbara Herrmann
Herstellung: CPI books GmbH, Leck

Printed in Germany

ISBN 978-3-451-06775-4

Inhalt

Vorwort

Emotionen bewegen uns. Sie bringen uns innerlich in Bewegung. Sie bestimmen nicht nur unser Inneres, sondern auch unser Verhalten und unser Verhältnis zur Welt und zu anderen Menschen. Das Wort stammt vom lateinischen Wort »emovere«, das »heraus bewegen, emporwühlen« bedeutet. Die Emotionen wühlen uns oft innerlich auf. Wir reagieren emotional auf eine Kritik. Oder unsere Emotionen gehen mit uns durch, wenn wir von etwas begeistert sind oder erregt, aber auch dann, wenn uns etwa ein tiefes Leid trifft.

Viele Menschen leiden unter ihren Emotionen. Und manch einer wirft denen, die starke Emotionen haben, vor, sie seien zu emotional. Der damit verbundene Rat ist meist, sie sollten sich mehr von ihrem Verstand leiten lassen. Doch umgekehrt gilt auch: Wenn einer keine Emotionen zeigt, können wir keinen Kontakt zu ihm aufnehmen. Dann erscheint der andere uns nur mit seiner Fassade, aber wir spüren ihn nicht als Person. Wir haben den Eindruck: Da ist kein Leben hinter der Fassade. Wir fühlen uns unsicher, weil wir nicht erschließen können, was er wirklich denkt und wie er zu uns steht.

Die Emotion, mit der jemand auf uns reagiert, nimmt uns selber ernst. Wir fühlen uns verstanden. Wir spüren, dass wir wichtig sind für den anderen, dass wir etwas in ihm auslösen. Wenn einer emotionslos auf uns reagiert, dann empfinden wir das eher als eine Missachtung unserer selbst.

In der heutigen Psychologie spricht man von emotionaler Intelligenz oder emotionaler Kompetenz und meint damit soziale Fähigkeiten, die bis in betriebliche und wirtschaftliche Zusammenhänge hinein Auswirkungen haben. Und jeder wird zustimmen: Es genügt nicht, ein Unternehmen oder die Mitarbeiter eines Betriebs oder einer Verwaltung nur vom Verstand her oder vermittels eines rationalen Effizienzkonzepts zu führen. Auch funktionale Prozessabläufe sind auf Menschen angewiesen und es braucht emotionale Intelligenz, um ein Unternehmen in Bewegung zu bringen. Emotionale Intelligenz ist eine wichtige Quelle, aus der wir die Energie eines Unternehmens speisen. Und sie ist wichtig, um die Mitarbeiter richtig einzuschätzen und zu verstehen. Die emotionale Kompetenz besteht darin, dass ich mit den Emotionen meiner Mitarbeiter richtig umgehe. Ich muss mich in die Emotionen der Mitarbeiter hinein fühlen, um darauf eine angemessene Antwort zu geben. Wer ohne emotionale Intelligenz und Kompetenz eine Abteilung führt, von dem sagen wir: Er verhält sich wie ein Elefant im Porzellanladen. Er trampelt auf den Gefühlen seiner Mitarbeiter herum und merkt gar nicht, wie er sie verletzt und wie viel er in ihnen zertrümmert.

Emotionale Intelligenz und emotionale Kompetenz erlange ich aber nur, wenn ich meine eigenen Emotionen kenne und mit ihnen gut umgehen kann. Ich soll meine Emotionen zulassen, aber zugleich bewusst auf sie reagieren. Ich soll mich nicht von meinen Gefühlen beherrschen lassen, sondern sie als Quelle der Energie nutzen. Das kann ich aber nur, wenn ich die Emotionen anschaue und sie zu verstehen suche. Dann habe ich keine Angst vor ihnen, sondern bin mit ihnen vertraut und kann mit ihnen so umgehen, dass sie mich auch selber lebendiger und menschlicher machen.

Menschen, die keine Emotionen haben, leiden an Gefühlskälte, an innerer Erstarrung. Von ihnen geht keine Lebendigkeit aus, aber auch keine Bewegung. Sie bringen nichts in Bewegung. Es braucht die Begeisterung, die Kraft der Emotion, die mich in Bewegung bringt. Alle großen Menschen hatten nicht nur Verstand, sondern auch starke Emotionen. Daher sprechen ihre Worte und Handlungen uns auch heute noch an. Sie rühren uns in unseren Emotionen an.

Von den Emotionen sprechen, so sagt Verena Kast, heißt immer auch, von sich selbst zu sprechen: »Beim Erleben unserer Emotion geht es immer um unsere Identität, es geht immer auch um uns als Person. Wenn wir keine Emotionen mehr zulassen wollten, wenn wir versuchten, sie auszuschalten, dann wären wir Menschen, die sich nicht mehr betreffen lassen. Sich nicht mehr betreffen zu lassen würde heißen, sich nicht mehr zu spüren, aber auch keine Verantwortung zu übernehmen und nicht mehr zu handeln.« (Kast, Freude 10) Sich emotional betreffen zu lassen ist eine wichtige Triebfeder für unser Handeln. Aber die Emotionen sind auch in sich wertvoll. Die Emotion von Freude, Hoffnung, Vertrauen und Zufriedenheit zu spüren, ist in sich schon etwas Gutes. In der Emotion erleben wir uns selbst. Wir spüren uns und das tut uns gut. »Emotion ist zuallererst eine Form des Selbsterlebens.« (Kast 10)

Wenn Sie meine Gedanken lesen, die ich über die Emotionen schreibe, kommen Sie mit sich selbst in Berührung. Sie entdecken also Ihre eigenen Emotionen. Und damit entdecken Sie sich selbst. Sie lesen dabei im Folgenden immer auch etwas über sich selbst. Vielleicht entspricht das, was ich über die Emotionen geschrieben habe, nicht immer Ihrem eigenen Selbsterleben. Dann wären meine Gedanken eine Einladung, Ihre persönlichen Emotionen mit eigenen Worten zu formulieren.

Die Emotionen sind immer ambivalent. Sie können uns beherrschen und lähmen oder uns antreiben, etwas anzupacken. Oft können wir unsere Emotionen nicht richtig verstehen. Sie sind auch nicht immer eindeutig und klar. Nicht umsonst sprechen wir auch von »gemischten Gefühlen«. Wir haben oft den Eindruck, einen Emotionsbrei in uns zu haben.

Wenn der Titel dieses Buches von einer »Kleinen Schule der Emotionen« spricht, dann kann das bedeuten: Wir sind unseren Gefühlen nicht ausgeliefert, sondern können lernen und uns darin üben, mit unseren Emotionen umzugehen. Wir können uns auch im Alltag darin schulen, achtsam darauf zu sein und diese formlosen und gestaltlosen Gefühle, anzuschauen, zu analysieren und auch einen »Emotionsbrei« zu gestalten, damit daraus Emotionen werden, die uns – und durch uns auch andere – zum Leben führen.

Wenn wir die Emotionen nicht ernst nehmen oder sie verdrängen, dann melden sie sich oft auf eine Weise zu Wort, die uns nicht gut tut. Wenn Gefühle uns überschwemmen, dann haben nicht wir *sie*, sondern sie haben *uns* im Griff. Es geht jedoch darum, die Emotionen als Quelle der eigenen Lebendigkeit und des eigenen Handelns zu sehen. Nur im behutsamen Anschauen und Verstehen können sie sich klären und wandeln. Und für die Verwandlung ist es wichtig, dass wir unsere Emotionen anderen zeigen, entweder im Gebet Gott hinhalten oder uns im Gespräch einem anderen emotional öffnen.

Gerade die starken Emotionen wollen uns in Bewegung bringen, um an einer besseren Zukunft zu arbeiten. In meinen Emotionen reagiere ich auf die Wirklichkeit, auf Menschen, die mich verzaubern oder verletzen, auf Zustände der Gesellschaft, auf Zustände in meinem Leben.

Die Emotion möchte mich immer herausführen aus dem, was gerade ist. Sie möchte mir entweder eine neue Sichtweise schenken, dass ich mit anderen Augen auf die Wirklichkeit schaue. Oder aber sie möchte mich dazu bewegen, die Situation zu ändern, andere Bedingungen für mein Leben und für das Leben meiner Mitmenschen zu schaffen. »Jedes einzelne Gefühl verwandelt die ganze Welt«, hat der Philosoph Jean Paul Sartre einmal gesagt. Durch unsere Emotionen können wir uns also dazu bewegen lassen, diese Welt menschlicher und hoffnungsvoller zu machen.

Achten Sie beim Lesen meiner Gedanken immer auf die eigene Reaktion in Ihrem Herzen. Lassen Sie sich von mir keine Emotion einreden, sondern horchen Sie in sich hinein, welche Emotion Ihnen vertraut ist. Und dann überlegen Sie, wie Sie bisher mit dieser Emotion umgegangen sind und ob Sie beim Lesen für sich neue Wege entdecken, die Emotionen zuzulassen, sich mit ihnen vertraut zu machen und sie so zu leben, dass sie zu einer Quelle von Energie, von Lebendigkeit und Lebensfreude werden.

Angst – Eine Einladung

Das Gefühl der Angst kennen wir alle. Leben ist Veränderung. Wenn wir etwas Neues anfangen, wissen wir oft nicht, ob wir ihm auch gewachsen sind. Wenn wir Vertrautes aufgeben sollen, beschleicht uns das Gefühl eines bevorstehenden schmerzhaften Verlustes. Angst gehört zu den Gefühlen, die wir nicht im Griff haben, sondern die uns überwältigen können. Sie gehört zu den negativen Gefühlen, die wir gerne loswerden wollen. Doch das gelingt uns nicht. Oft genug machen wir die Erfahrung: Je mehr wir gegen sie kämpfen, desto stärker werden sie. Für viele ist Angst etwas, das sie verdrängen müssen. Sie glauben, dass Angst etwas Krankhaftes ist. Das ist schon die erste Fehleinschätzung. Angst gehört zum Menschen. Es gibt keinen Menschen ohne Angst. Ohne Angst hätten wir auch kein Maß. Natürlich gibt es Ängste, die uns

Die Angst kann zu einer Freundin werden, die uns einlädt, neue Maßstäbe für unser Leben zu finden.

überfallen, die uns lähmen und uns quälen. Von solchen Ängsten möchten wir gerne frei werden. Die Frage ist, wie das geht.

Der erste Schritt besteht darin, sich mit der Angst auszusöhnen und mit ihr zu sprechen. Indem ich mit der Angst spreche, mache ich mich mit ihr vertraut. Und es wird mir klarer, wovor ich wirklich Angst habe. Die diffuse Angst wird konkreter. Wenn ich meine Ängste, mich vor anderen zu blamieren, vor anderen meine Schwächen zu offenbaren, einen Fehler zu machen, den alle merken, befrage, dann entdecke ich in der Angst meine Bedürfnisse. Ich habe das Bedürfnis, vor allen gut dazustehen, perfekt und fehlerlos zu sein. Indem ich dieses Bedürfnis formuliere, merke ich, wie unrealistisch es ist. Die Angst lädt mich ein, mich von übertriebenen Bedürfnissen zu verabschieden. Und die Angst weist mich auf falsche Grundannahmen hin, die sich in meinem Kopf festgesetzt haben. So eine Grundannahme könnte sein: »Ich darf keinen Fehler machen, sonst bin ich nichts wert, sonst werde ich abgelehnt.« Die klare Formulierung meiner Grundannahmen zeigt mir, wie willkürlich sie sind. Und so kann ich sie in Frage stellen. Und die Angst lädt mich ein, mich nicht von den Menschen und ihrer Anerkennung her zu definieren, sondern den Grund meiner Existenz in anderen Werten zu sehen: in der Klarheit, Ehrlichkeit, Echtheit. Und die Angst verweist mich letztlich auf Gott als den eigentlichen Grund meines Lebens. Wenn ich in Gott meinen Grund habe, dann kann ich es auch aushalten, wenn Menschen mich ablehnen. Ich muss es nicht allen recht machen, nur damit ich überall beliebt bin.

Es gibt andere Ängste, die uns umtreiben. Die eine Angst ist die vor einer Krankheit. Ich habe Angst, ich könnte Krebs bekommen. Inzwischen gibt es nicht nur Kliniken für Krebskranke, sondern für Menschen, die an der Angst leiden, sie könnten Krebs bekommen. Diese Angst kann man nicht einfach unterdrücken. Dann verfolgt sie mich überall hin. Auch hier gilt es, mit ihr zu sprechen. Ich denke die Angst zu Ende und stelle mir vor, dass das eintritt, wovor ich Angst habe. Es kann sein, dass ich Krebs bekomme. Was ist dann? Gerate ich dann wirklich in Panik? Oder ist die Krankheit dann eine Herausforderung, um meine Gesundheit zu kämpfen und zugleich meine Lebenseinstellung zu ändern? Auch in meiner Krankheit werde ich in Gottes Hand sein und nicht aus ihr heraus fallen. Wenn ich das zulasse, wovor ich Angst habe, und es zu Ende denke, darf ich aber zugleich auch Gott darum bitten, mich vor dem Krebs zu bewahren, meine

Gesundheit zu segnen und mich zu beschützen. Die Angst lädt mich ein, in dem Vertrauen zu leben, dass ich immer in Gottes Hand bin, und die Fixierung auf die Krankheit loszulassen. Die Angst fordert mich heraus, mir meiner Endlichkeit bewusst zu werden. Irgendwann werde ich sterben. Also versuche ich, jetzt bewusst zu leben, im Augenblick zu sein und jede Begegnung bewusst wahrzunehmen.

Der jüdische Therapeut Irwin Yalom meint, die Todesangst gehöre wesentlich zum Menschen. Eine Therapie, die – wie Yalom es Sigmund Freud vorwirft – die Todesangst verdrängt, vermag dem Menschen nicht wirklich zu helfen. Aber auch hier ist es wichtig, mit der Todesangst zu sprechen. Wovor habe ich eigentlich Angst? Die einen haben Angst vor dem Kontrollverlust. Andere haben Angst vor der Hilflosigkeit oder vor Schmerzen. Wieder andere haben Angst, ihren Ehepartner oder ihre Kinder allein zu lassen, weil sie glauben, diese würden ohne sie nicht mit ihrem Leben zurecht kommen. Indem ich die Angst konkretisiere, kann ich jeweils Gott bitten, dass er mich auch im Tod begleiten möge, dass er für die Menschen sorgen möge, die ich im Tod einmal verlassen werde. Die Angst verweist mich so auf entscheidende Lebensthemen. Wenn ich mich diesen Themen stelle, werde ich bewusster und achtsamer und zugleich intensiver leben.

Neben diesen zentralen Ängsten gibt es viele andere Ängste, die in uns immer wieder aufsteigen. Wir haben Angst, das Leben nicht zu schaffen, finanziell nicht über die Runden zu kommen, den Anforderungen in der Arbeit nicht gewachsen zu sein, die Kinder nicht richtig zu erziehen. Wir haben Angst, dass die Kinder auf die schiefe Bahn geraten. Bei all diesen Ängsten gilt es: mit der Angst zu reden, sich vorstellen, was passiert, wenn das, wovor wir Angst haben, eintritt. Und dann die Angst Gott hinhalten. Fragen Sie also die Angst: Was heißt es, das Leben nicht zu schaffen? Habe ich Angst, nicht die Kraft für den Alltag zu haben? Habe ich Angst, meine Existenz finanziell nicht sichern zu können? Wenn ich mit den Ängsten spreche, kann ich konkrete Schritte unternehmen, damit die Angst kleiner wird. Ich kann mir überlegen, was ich für die Existenzsicherung brauche, was ich dafür konkret tun kann. Und ich kann durch die Angst hindurch immer wieder das Vertrauen entdecken, das auch in mir ist. Keiner hat nur Angst, keiner hat nur Vertrauen. Ich kann Gott bitten, mir mitten in meiner Angst Vertrauen zu schenken. Die frühen Mönche haben die Angst dadurch verwandelt, indem sie Worte der Bibel in die Angst hinein gesprochen haben. In die Angst vor Menschen, vor ihrer Kritik, vor ihrem herrischen Wesen, vor ihrer Ablehnung haben sie den Psalmvers aus Psalm 118 gesprochen: »Der Herr ist mit mir. Ich fürchte mich nicht. Was können Menschen mir antun?« Dieses Wort vertreibt die Angst nicht. Aber es führt durch die Angst hindurch in das Vertrauen, das auf dem Grund meiner Seele bereitliegt.

Das Problem unserer Zeit ist, dass wir negative Gefühle sofort pathologisieren. Wir deuten die Angst sofort als Krankheit. Doch die Angst gehört zu uns und macht uns menschlich. Allerdings gibt es durchaus auch eine Angstkrankheit. Wer an Panikattacken leidet, braucht eine therapeutische Hilfe. Manchmal können Medikamente etwas helfen. Aber auch da ist es wichtig, den Grund der Panikattacken zu entdecken. Häufig ist es die Angst vor der Angst, die mich überfällt. Wenn ich aber die Angst wahrnehme und sie bewusst beobachte, dann wird sie sich normalerweise nicht zur Panikattacke ausweiten. Und wenn ich wirklich in Panik gerate, dann erlaube ich mir, jetzt einfach stehen zu bleiben, zu nichts fähig zu sein. Die Panikattacke könnte so zur Einladung werden, für einen Augenblick auszusteigen aus dem Hamsterrad meines Lebens. Vielleicht rebelliert meine Seele damit gegen ein Leben, das ich mir aufgebürdet habe und das mich überfordert. Auch dann wäre die

Panik die Einladung, mein Maß zu finden und gelassener auf die Anforderungen des Lebens zu reagieren.

Die Angst kann zu einer Freundin werden, die uns einlädt, neue Maßstäbe für unser Leben zu finden, und die uns zeigt: Wir haben unser Leben, unsere Gefühle, unseren Leib nicht im Griff. Wir sind angewiesen auf Gottes Segen. Die Angst zeigt, dass wir auf Gottes Hilfe angewiesen sind. Aber zugleich führt sie uns auch zum Vertrauen, dass Gottes heilende Gegenwart uns immer und überall umgibt und dass wir nie und nimmer aus der guten Hand Gottes heraus fallen können.

Antipathie – Mit anderen Augen sehen

Manche Menschen sind uns sofort sympathisch, gegen andere entwickeln wir von Anfang an eine Antipathie. Antipathie kommt von anti = gegen und Pathos, das Leiden, Schmerz und Leidenschaft bedeutet. Unser inneres Gefühl, unsere Leidenschaft wendet sich gegen den anderen. Ja, wir spüren ein inneres Leiden, wenn wir an ihn denken. Unser Innerstes ist gegen diesen Menschen eingestellt.

Wenn wir nach den Ursachen der Antipathie fragen, dann erkennen wir häufig, dass der andere etwas repräsentiert, was uns an unangenehme Erfahrungen in der Kindheit erinnert. Er erinnert uns vielleicht an den lauten Vater oder die depressive Mutter. Dann ist die spontan auftretende Antipathie ein inneres Alarmzeichen, dass wir diesem Menschen nicht so nahe kommen sollen. Er tut uns nicht gut. Das ist dann nicht zu werten. Es ist einfach ein innerer Impuls, sich auf diesen Menschen eher nicht einzulassen. Das Gefühl der Antipathie kann aber auch darin seine Ursache haben, dass der andere uns an Seiten in uns selbst erinnert, die uns nicht sympathisch sind. Der andere zeigt uns unsere eigenen Schattenseiten auf, die wir verdrängt haben. Weil wir unsere Schattenseiten nicht gerne anschauen, wollen wir mit dem, der uns daran erinnert, nichts zu tun haben.

Das Gefühl der Antipathie entsteht einfach in uns. Wir sollen uns deshalb nicht verurteilen. Wir können nichts dafür. Aber wir sind dafür verantwortlich, wie wir mit diesem Gefühl umgehen. Wir dürfen den Menschen, dem gegenüber wir dieses Gefühl empfinden, nicht festlegen auf unsere Antipathie. Wir dürfen ihn nicht als Mensch ablehnen. Es ist vielmehr unsere Aufgabe, ihn genauer anzuschauen und uns in seinem Spiegel selbst zu betrachten. Wir werden dann weiterhin spüren, dass er uns unsympathisch ist. Aber wir gestehen ihm zu, dass er noch andere, liebenswerte Seiten in sich hat. Wir verdrängen unsere Antipathie nicht. Wir nehmen sie wahr, lassen sie zu, aber zugleich versuchen wir, uns davon zu distanzieren und den anderen mit Augen des Wohlwollens zu betrachten. Wenn ich ihn mit Augen des Glaubens anschaue, dann werde ich auch Gutes in ihm entdecken. Zumindest glaube ich dann, dass unter der unsympathischen Fassade ein guter Kern steckt. Und wenn ich an diesen guten Kern glaube, dann kann ich mir vorstellen, wie dieser Mensch an sich selber leidet. Das Leid, das ich in der Antipathie in mir spüre, weist letztlich auf das Leiden im anderen hin. Er leidet an seinen unsympathischen Zügen. Vielleicht ist er nicht nur mir unsympathisch. Er hat etwas in sich, das andere gegen ihn aufbringt. Das auszuhalten ist nicht so einfach. Wenn ich mit diesem Leiden in mir und in ihm in Berührung komme, wird die Antipathie sich in mir in Mitleiden verwandeln. Und in diesem Mitleid steckt zugleich die Hoffnung, dass der andere seine negativen Seiten, die Antipathie hervorrufen, langsam ablegen kann. Ich wünsche ihm dann, dass er mit sich selbst in Einklang kommt, dass er sich selbst sympathisch wird und so auch bei anderen statt Antipathie Sympathie hervorruft.

Es ist unsere Aufgabe, den anderen genauer anzuschauen und uns in seinem Spiegel selbst zu betrachten.

Ärger – Eine hilfreiche Kraft

$\mathcal{E}$in Gefühl, das uns immer wieder überfällt, ist der Ärger. Das deutsche Wort Ärger kommt von »arg«, das »schlimm, böse, schlecht« bedeutet. Und es hängt mit der Wurzel »ergh« zusammen, die »beben, zittern, heftig erregt sein« meint. Ärgern heißt somit: etwas schlimmer, böser, schlechter machen. Indem ich mich über etwas ärgere, mache ich das Ereignis, das mich ärgert, noch schlimmer. Ich steigere mich gleichsam in den Ärger hinein. Und dann sehe ich die Ereignisse mit einer dunklen Brille, die überall nur das Böse und Schlimme erkennt.

Das deutsche Wort »sich ärgern« meint aber auch, dass ich selber es bin, der sich ärgert. Es ist also meine Entscheidung, ob ich mich über etwas ärgere oder nicht. Ich tue etwas mit mir selbst. Das heißt aber: Ich bin dafür verant-

Ärger hilft, uns von negativen Worten oder Ereignissen zu distanzieren.

wortlich, ob ich mich ärgere. Wir können zwar nicht verhindern, dass uns ein Mensch ärgert oder ein Missgeschick. Die erste Reaktion liegt nicht in unserer Hand. Aber ob wir den ganzen Tag Selbstgespräche führen und uns immer mehr in den Ärger hineinsteigern, das liegt in unserer Verantwortung. Ärger hat mit Aggression zu tun. Eigentlich will uns der Ärger dazu einladen, das, was uns geärgert hat, aus unserem Herzen herauszuwerfen, uns zu befreien von dem, was uns da ärgert. Im Ärger steckt eine Kraft, die uns hilft, uns von negativen Worten oder Ereignissen zu distanzieren. Und manchmal ist der Ärger auch ein Impuls, etwas zu ändern. Wenn ich mich ärgere, dass in der Verwaltung immer wieder etwas schief läuft, dann bewegt mich der Ärger dazu, eine Sitzung zu halten, um das Problem zu besprechen. Dann hilft der Ärger, eine bessere Lösung zu finden.

Hermann Hesse sagte einmal: »Was nicht in uns ist, das regt uns auch nicht auf.« Oft zeigt der Ärger, dass der Mensch, der uns ärgert, etwas in uns anspricht, was wir bei uns selbst nicht annehmen können. Der Ärger erinnert uns an die eigenen Schattenseiten, um uns damit auszusöhnen. Diese Emotion ist also ein Spiegel, in dem ich mich selber gut anschauen soll. Aber das ist nur eine Seite. Wenn ich das Wort von Hermann Hesse absolut nehmen würde, dann würde es heißen: »Ich bin immer selber schuld, wenn ich mich ärgere. Es ist bei mir etwas nicht in Ordnung. Ich muss also in mir selbst nachsehen, was bei mir nicht stimmt.« Der Ärger kann aber auch noch eine andere Funktion haben. Der Ärger ist die Kraft, mich von Menschen, die eine negative Ausstrahlung haben, zu distanzieren. Wenn mich ein Mensch ständig ärgert, kann ich mich auch fragen: »Wie unzufrieden muss er sein, dass er ständig an mir herum kritisiert? Wie verletzt muss er sein, dass er mich ständig verletzt? Wie muss es in ihm aussehen, wenn von ihm soviel Unreines und Unangenehmes ausgeht?« Wenn ich mich so befrage, dann lädt mich mein Ärger ein, mich vom anderen zu distanzieren. Er darf so unzufrieden sein, aber ich lasse es bei ihm. Es ist sein Problem.

Ärger ist auch ein Impuls, etwas zu ändern. Und er erinnert uns an eigene Schattenseiten, um uns damit auszusöhnen.

Von einem solchen Ärger berichtet uns das Markusevangelium. Als Jesus den Mann mit der verdorrten Hand heilen möchte, beobachten ihn die Pharisäer, um ihn anklagen zu können. Da sieht Jesus jeden einzelnen an »voll Zorn und Trauer über ihr verstocktes Herz« (Mk 3,5). Der Ärger steigert sich hier zum Zorn. Doch der Zorn führt Jesus nicht dazu, die Pharisäer anzuschreien. Vielmehr ist der Zorn die Kraft, dass sich Jesus von ihnen distanziert – und trotzdem das tut, was er für richtig hält. Er sagt gleichsam: »Eure Härte ist euer Problem. Das seid ihr. Ich aber tue das, was mir von Gott aufgetragen ist. Ich gebe euch keine Macht.« Der Ärger verleiht Jesus also die Fähigkeit, sich von der Macht der Pharisäer zu befreien. Doch er distanziert sich nicht nur. In der Trauer fühlt er auch mit ihnen. Er reicht ihnen gleichsam die Hand. Er gibt ihnen keine Macht. Aber er lässt sie nicht fallen. Er möchte auch mit ihnen gemeinsam einen Weg gehen. Doch die Pharisäer weisen die ausgestreckte Hand ab. Sie verharren in ihrer Verurteilung. Sie gehen hinaus und beschließen, Jesus zu töten.

Diese Geschichte aus dem Evangelium im Hintergrund, bleibt die Frage: Wie können wir im Alltag mit unserem Ärger umgehen? Es gibt verschiedene Wege. Der eine Weg ist, sich des Ärgers bewusst zu werden und ihn zu befragen, was er mir sagen will: Ist er ein Impuls, mich vom anderen zu distanzieren oder etwas zu ändern? Oder soll ich meinen Ärger äußern, mit dem anderen ein Gespräch führen, damit ich etwas klären kann? Oder aber lädt mich mein Ärger ein, bewusst bei mir selbst zu sein, dem anderen und den äußeren Dingen nicht soviel Macht zu geben? Es geht also nicht darum, den Ärger zu unterdrücken. Ich soll zunächst sehen, was sich dahinter verbirgt. Das heißt, mit meinem Ärger zu sprechen, um zu klären, was er mir sagen will. Wenn mir das klarer ist, kann ich auch anders mit ihm umgehen und ihn angemessen ausdrücken. Wichtig ist aber, dass ich überhaupt einen Weg finde, meinen Ärger zu äußern.

Eine Lehrerin schrieb immer das Protokoll der Lehrerkonferenzen. Nach einer Krebserkrankung beschloss sie, diese Aufgabe künftig nicht mehr zu übernehmen. Doch der Schulrektor meinte zu ihr, keiner könne es doch so gut wie sie, sie solle das wieder machen. Sie ärgerte sich darüber, tat es aber trotzdem. Vor mir jammerte sie, dass der Rektor ihre Bitte nicht ernst genommen habe. Ich sagte ihr: »Sie selber haben sich nicht ernst genommen. Wenn Sie sich ärgern, dann sind Sie auch dafür verantwortlich, dass Sie Ihren Ärger so deutlich äußern, dass der Rektor Sie ernst nehmen muss.«

Es bleibt natürlich die Frage, wie ich den Ärger ausdrücke. Manchmal kann es durchaus sinnvoll sein, den Ärger auch anderen gegenüber zu äußern. Aber ich soll ihn dann angemessen äußern, das heißt: in Beziehung zu ihm. Oft überschütten wir einen Menschen mit dem Ärger, der gar nicht ihm gilt, sondern der sich in uns angestaut hat. Das ist dann keine angemessene Äußerung. Andere explodieren, wenn sie sich ärgern. Doch nach der Explosion muss ich die Scherben wieder aufsammeln. Auch das ist wenig hilfreich. Ich sollte mich also nicht vom Ärger bestimmen lassen, sondern ihn aktiv ausdrücken und zwar so, dass er etwas Positives bewirkt.

Ein anderer Weg besteht darin, sich vom Ärger zu befreien. Es gibt Ärger, den wir nicht in eine Veränderung der Situation umsetzen können. Es hat sich einfach Ärger angestaut. Da kann es helfen, sich vom Ärger frei zu laufen. Andere schreien den Ärger im Auto aus sich heraus. Wieder andere befreien sich, indem sie Holz hacken. Eine körperliche Tätigkeit kann uns helfen, uns vom Ärger zu befreien, der sich nicht nur in unserer Seele, sondern auch in unserem Körper festsetzen möchte. Jeder muss seinen Weg finden, mit dem Ärger umzugehen. Wir sollten uns nicht ärgern, dass wir uns ärgern, sondern sollten Wege finden, kreativ mit ihm umzugehen. Der Ärger hat immer einen Sinn. Es geht darum, diesen Sinn zu erkennen und dann sinnvoll den Ärger einzusetzen, um die Situation zu ändern, die uns geärgert hat.

Beleidigtsein – In meiner Würde verletzt

Wenn wir von Beleidigung sprechen, dann verbinden wir das häufig mit einem Vorwurf an einen anderen: »Du hast mich beleidigt. Du hast meine Würde missachtet. Deine Worte sind eine Beleidigung für mich als Mann, als Frau, als Ausländerin.« Manchmal aber werfen auch die, die uns beleidigt haben, uns vor, dass wir jetzt den Beleidigten spielen. Sie meinen, wir würden übertrieben reagieren, wenn wir uns als Beleidigte fühlen. Sie hätten es doch gar nicht so gemeint. Sie hätten uns nicht wirklich beleidigt, wir würden nur beleidigt reagieren, weil wir nicht so beachtet worden seien, wie wir uns das vorgestellt haben.

Das Gefühl des Beleidigtseins ist ein tiefer Schmerz.

Beleidigen heißt, jemandem Leid zufügen, ihn kränken und verletzen. Wenn mich jemand beleidigt, dann missachtet er meine Würde als Mensch. Er macht mich lächerlich, sagt Worte der Verachtung zu mir, entwertet mich. Das löst in mir das negative Gefühl aus: Ich fühle mich gekränkt, missachtet und ziehe mich zurück. Ich kann mit dem, der mich beleidigt hat, nicht mehr sprechen. Ich schütze mich vor ihm, denn er könnte mich ja noch weiter kränken. Das Beleidigtsein ist ein tiefer Schmerz. Ich wurde nicht gesehen, sondern in eine Schublade gesteckt. Und man hat mir meine Würde als Mensch genommen.

Wie stark das Gefühl des Beleidigtseins sein und zu welch heftiger Reaktion es führen kann, hat der Kopfstoß des französischen Nationalspielers Zidane gezeigt, den er im Endspiel um die Weltmeisterschaft dem italienischen Gegenspieler verpasst hat. Dieser hatte ihn mit beleidigenden Worten provoziert. Er wollte mit dieser Reaktion seine Würde und seine Ehre verteidigen. Dass das nicht der richtige Weg ist, war nicht nur dem Schiedsrichter, sondern auch allen Mitspielern und Zuschauern klar. Aber das Beispiel zeigt, wie tief dieses Gefühl des Beleidigtseins uns aufwühlt und was es in uns auslösen kann.

Manchmal fühlen wir uns beleidigt, obwohl uns objektiv gar niemand ein Leid antut. Wir fühlen uns beleidigt, wenn wir nicht genügend gesehen werden, wenn ein anderer uns vorgezogen wird, oder wenn wir nicht die Zuwendung bekommen, die wir erwartet haben. Für solche Reaktionen hat der Volksmund viele Ausdrücke parat: Er »spielt den Beleidigten«, er führt sich auf »wie eine beleidigte Leberwurst«, sie »schmollt«, weil sie nicht genügend beachtet wird.

Mit der Reaktion des Beleidigtseins bestrafen wir die Menschen, die uns nicht so beachten, wie wir es von ihnen erwartet haben. Wenn wir so reagieren, dann leidet auch unsere Kommunikation. Wir können nicht mehr miteinander sprechen. Wir werfen uns gegenseitig vor, dass wir einander verletzen. Der andere hat uns verletzt, indem er uns beleidigt hat. Der andere fühlt sich verletzt, weil er glaubt, unsere Reaktion des Beleidigtseins sei übertrieben und er könne mit uns gar nicht vernünftig reden.

Mit der Reaktion des Beleidigtseins bestrafen wir die Menschen, die uns nicht so beachten, wie wir es von ihnen erwartet haben.

Da wäre es gut, inneren Abstand zu dieser Situation und zum Gefühl des Beleidigtseins zu bekommen, um nüchtern anzuschauen, was da gerade abgelaufen ist. Dann können wir aus der Distanz auch besser verstehen, wie der andere seine Worte gemeint hat und warum sie uns so gekränkt haben. Wir müssen uns dann nicht für unser Gekränktsein entschuldigen. Es ist unsere Reaktion. Und der andere hat diese Reaktion zu respektieren und zu verstehen. Dann können wir achtsamer miteinander umgehen.

Bitterkeit – Gift für Fühlen und Denken

Das deutsche Wort »bitter« kommt von beißen. Es meint eigentlich beißend scharf. Beißen hat einen negativen Beigeschmack: jemanden beißen, verwunden. Wenn uns etwas bitter schmeckt, dann lehnen wir es ab. Doch wer zuviel Bitteres in sich hineinläst, der wird verbittert, der spürt in sich lauter Bitterkeit. Wenn wir mit ihm sprechen, hinterlässt er einen bitteren Nachgeschmack. Er selbst schmeckt dann bitter. Vor Menschen, die verbittert sind, schützen wir uns. Wir haben Angst, dass sie ihre Bitterkeit weitergeben, indem sie uns beißen und verletzen.

Das Bittere des anderen anzuschauen und es zu verwandeln – dazu braucht es Geduld.

Wir sprechen von Bitterkeit, wenn uns ein großes Leid trifft. Das ist bitter für uns. Das schmeckt uns ganz und gar nicht. Doch wir verbittern nicht unbedingt, wenn uns etwas Bitteres trifft. Wir versuchen, das Bittere zu verwandeln, so dass wir es schmecken können. Die Bibel berichtet uns eine wunderbare Geschichte, wie das Bittere in etwas Süßes verwandelt wird. Das Volk Israel war gerade durch das Rote Meer gezogen. »Drei Tage waren sie in der Wüste unterwegs und fanden kein Wasser. Als sie nach Mara kamen, konnten sie das Wasser von Mara nicht trinken, weil es bitter war.« (Ex 15,22f) Das Volk murrte und war voller Bitterkeit über Mose und Jahwe, der es aus Ägypten heraus geführt hatte. Denn dort hatten sie genügend Wasser zu trinken. Auf Befehl des Herrn warf Mose ein Holzstück in das Wasser und das Wasser wurde süß. Die Kirchenväter haben diese Szene auf das Kreuz hin gedeutet. Das

Holz des Kreuzes macht die Bitterkeit des Menschen süß. Wenn wir mitten im bitteren Leiden auf die Liebe Jesu schauen, die am Kreuz sichtbar wird, dann verwandelt sich die innere Bitterkeit in Süßigkeit. Wir fühlen uns dann in unserem Leiden geliebt. Und die Liebe macht das Bittere süß. Im Johannesevangelium trinkt Jesus am Kreuz die Bitterkeit der Menschen, um all das Bittere durch sein Leiden zu versüßen. Er trinkt den bitteren Essig der Menschheit und verwandelt ihn durch seinen Tod am Kreuz in Liebe. Diese Liebe strömt dann aus seinem geöffneten Herzen zu uns.

Wir sehen es einem Menschen an, dass in ihm Bitterkeit ist. Sein Gesicht ist verbittert. Es ist hart geworden. Aus seinen Augen kommt uns diese innere Verbitterung entgegen. Es ist uns unangenehm, mit verbitterten Menschen Kontakt zu haben. Die Bitterkeit ist wie Gift, die das Denken und Fühlen eines Menschen vergiftet. Von so einem Menschen hören wir nur bittere Worte. Verbitterte Menschen können es nicht aushalten, wenn wir fröhlich sind und gute Laune zeigen. Sie möchten uns mit dem Gift ihrer Bitterkeit auch vergiften, indem sie unsere Fröhlichkeit madig machen. Wir hätten doch keine Ahnung vom Leben. Das Leben ist ungerecht. Die Menschen sind grausam. Und wir würden uns mit unserer Fröhlichkeit nur etwas vormachen. Es kommt dann darauf an, was stärker ist: das Gift des Verbitterten oder unsere Liebe, die – wie Jesus am Kreuz – seine Bitterkeit überwindet und sie in Süßigkeit verwandelt. Es ist wie ein Machtkampf zwischen der Bitterkeit und der Liebe, zwischen dem Verbitterten, der an seiner Bitterkeit festhalten möchte und dafür Bundesgenossen braucht, und dem, der von Liebe erfüllt ist und sich dem Gift der Bitterkeit nicht nur entziehen möchte, sondern bereit ist, das Bittere des anderen anzuschauen

Wir brauchen die Hoffnung, dass der andere seine Bitterkeit lässt, wenn er sich als angenommen und geliebt erfährt.

und es zu verwandeln. Dazu braucht es viel Geduld und es braucht die Hoffnung, dass der andere seine Bitterkeit lässt, wenn er sich als angenommen und geliebt erfährt.

Eifersucht – Wunde meiner Lebensgeschichte

Von Goethe stammt das Wort: »Eifersucht ist eine Leidenschaft, die mit Eifer sucht, was Leiden schafft.« Eifersucht ist also eine Kraft, die uns antreibt. Aber wenn wir uns von dieser Leidenschaft beherrschen lassen, dann treibt sie uns ins Leid hinein. Und wenn sie krankhaften Suchtcharakter hat, dann erzeugt sie für uns und für die, auf die wir eifersüchtig sind, Leiden.

Eifersucht ist manchmal mit Neid verwandt. Wir sagen, jemand sei eifersüchtig auf einen, der im Mittelpunkt stehe. Aber im eigentlichen Sinn verstehen wir Eifersucht immer innerhalb einer Liebe, oder im Blick auf eine Beziehung. Manche Psychologen sprechen auch von Beziehungsneid. Dahinter steckt die Angst, die Neigung einer anderen Person mit jemand anderem teilen zu müssen, der oder dem wir sie nicht gönnen. Oder wir fürchten, die Neigung einer geliebten Person ganz zu verlieren. Die Frau ist eifersüchtig auf ihren Mann, der von anderen Frauen angehimmelt wird. Der Mann ist eifersüchtig auf die Frau, weil andere Männer sie bewundern und über ihre Schönheit reden. Eifersucht steigt in uns auf, ob wir wollen oder nicht. Oft ist es nur in der Vorstellung, die sich aber vor die Realität schiebt und alles verstellt. Manche werden davon zu irrationalen Handlungen getrieben, manchmal sogar zum Mord. Sie sind gleichsam von der Eifersucht besessen. Andere wollen nicht eifersüchtig sein. Ihr Verstand sagt ihnen, dass sie keinen Grund zur Eifersucht haben. Und bei einem Ideal von Liebe, die den Partner oder die Partnerin freilässt, ist für sie Eifersucht eher eine Schwäche. Doch sie lässt sich oft nicht von rationalen Argumenten vertreiben. Sie steigt einfach in uns hoch. Eine Frau erzählte mir, sie ärgere sich so über ihre Eifersucht. Sie stellt sich daheim vor, dass eine der Sekretärinnen ihren Mann vereinnahmt oder gar verführt. Sie macht ihrem Mann immer wieder Szenen. Obwohl sie weiß, dass sie ihrem Mann trauen kann, steigt dieses nagende Gefühl in ihr immer wieder auf. Sie weiß selbst, dass sie sich selber und ihrer Ehe damit schadet. Aber wenn sie allein zu Hause sitzt, dann malt sie sich aus, was sich im Büro ihres Mannes abspielt. Sie kann diese Phantasien nicht einfach abstellen. Sie nisten sich in ihrem Kopf ein.

Es hat keinen Zweck, die Eifersucht nur zu unterdrücken oder nur wegzurationalisieren. Sie wird immer wieder auftauchen. Sinnvoller ist es, mit der Eifersucht ein Gespräch anzufangen. Anstatt mich von den Phantasien der Eifersucht hinreißen zu lassen, versuche ich, sie aktiv zu Ende zu denken: Wenn all das eintritt, was ich mir in der Phantasie vorstelle, was ist dann? Ist dann wirklich alles zu Ende? Oder zwingt mich das dann dazu, zu mir selbst zurückzukehren, mit

Indem ich sie zulasse und mit ihr spreche, wandelt sich meine Eifersucht langsam in Vertrauen und in immer tiefere Liebe.

meinem Innersten in Berührung zu kommen und mir vorzusagen: Ich bin nicht nur die Frau dieses Mannes. Ich bin auch ich selbst. Ich habe auch in mir eine Würde. Es würde mir wehtun, aber nicht alles hängt von diesem Mann ab. Anstatt gegen die Phantasie zu kämpfen, lasse ich sie zu, stelle mich gedanklich ihren Konsequenzen und gelange auf diesem Weg wieder zurück zu mir selbst, zu meinem wahren Selbst.

Wenn ich aufhöre, die Eifersucht zu bewerten und mich selbst abzuwerten, weil ich eifersüchtig bin, dann erkenne ich oft die Gründe meiner Eifersucht. Sie liegen oft in meiner Lebensgeschichte. Ich bin einmal enttäuscht worden und in meiner Liebe verletzt worden. Das macht mich misstrauisch und eifersüchtig. Ich habe Angst, den anderen zu verlieren an eine andere Frau, an einen anderen Mann. Ich habe Angst, dann allein zu stehen, in meiner Liebe verletzt zu sein. Im Gespräch mit meiner Eifersucht kann ich sie fragen, was sie mir sagen will: Vielleicht sagt sie mir, dass eine Veränderung in der Beziehung ansteht oder dass ich selber mich ändern soll. Ich kann sie auch fragen, was denn die tiefste Sehnsucht ist, die in ihr steckt. Dann wird mir die Eifersucht wohl sagen: Ich möchte, dass dieser Mann mich allein liebt, dass ich meinen Mann ganz für mich habe, dass ich absolut sicher sein kann, dass er nur mich liebt. Indem ich mir meine Bedürfnisse zugestehe, entdecke ich, dass sie unrealistisch sind. Ich kann meinen Mann nicht einsperren, damit er nur mich anschaut. Er wird immer mit anderen Frauen zu tun haben. Ich kann meine Eifersucht nur immer wieder als Einladung akzeptieren, meinem Mann zu trauen, dass er mich liebt, und sie zugleich als Ausdruck meiner großen Liebe verstehen. Die Eifersucht zeigt mir, wie sehr ich meinen Mann liebe. Wenn ich mir das eingestehe, dann werde ich nicht gegen meine Eifersucht wüten, sondern mich von ihr einladen lassen, meine Liebe zu meinem Mann zu spüren und dankbar dafür zu sein. Dann quäle ich mich nicht weiter. Indem ich sie zulasse und mit ihr spreche, wandelt sich meine Eifersucht langsam in Vertrauen und in immer tiefere Liebe.

Wenn mich meine Eifersucht an die Verletzungen in meiner Lebensgeschichte erinnert, dann nehme ich sie zum Anlass, meine Wunden anzuschauen und Gott hinzuhalten. Ich verurteile mich nicht wegen meiner Eifersucht. Ich nehme mich mit meinen Verletzungen an, mit meinen Enttäuschungen. Wenn die Eifersucht auftaucht, höre ich auf, mir in allen Einzelheiten auszumalen, was mein Mann oder meine Frau jetzt alles denken und tun könnte, wie er oder sie auf andere Männer oder Frauen reagiert. Ich lasse die Eifersucht zu und kann in der Meditation z. B. das Jesusgebet in meine Eifersucht hineinspre-

chen: »Jesus Christus, Sohn Gottes, erbarme dich meiner.«
Wenn ich dieses Wort eine zeitlang in meine Eifersucht spreche,
wird sie sich wandeln. Und ich werde barmherziger mit ihr
umgehen. Ein anderer Weg ist, sie Gott hinzuhalten. Ich stelle
mir vor, dass seine Liebe in meine Eifersucht, in meine Wunden
aus der Lebensgeschichte hineinströmt und sie heilt.

Einsamkeit – Chance zum Wachsen

$\mathcal{V}$iele Menschen leiden heute unter ihrer Einsamkeit. Sie fühlen sich unbehaust, ungeborgen, isoliert. Die Einsamkeit ist dann schlimm, wenn ich beziehungslos bin, wenn ich weder in Beziehung zu Menschen bin, noch zu Gott, noch zu mir selbst, noch zur Schöpfung. Dann fühle ich mich wirklich mutterseelenallein, von allen verlassen, sogar auch von der Mutter verlassen. Wenn wir heute von Einsamkeit sprechen oder vom Alleinsein, dann hat es meistens einen negativen Aspekt. Aber die Einsamkeit gehört wesentlich zum Menschen. Jeder Mensch ist einmalig. Und es gibt in jedem Leben Situationen, in denen ich mich allein fühle, in denen ich einsam meinen Weg gehen muss. Spätestens das Tor des Todes muss ich allein durchschreiten.

Dichter und Denker haben die Einsamkeit positiver gesehen. Sie gehört zum Menschen. Paul Tillich, der evangelische Theologe, meint: »Religion ist das, was jeder mit seiner Einsamkeit anfängt.« Glaube hat also nicht nur mit Geborgenheit zu tun, sondern ist letztlich der Versuch, der Einsamkeit zu entgehen und sich von Gott getragen, begleitet und bei ihm geborgen zu wissen. Auch Dag Hammarskjöld, der schwedische Politiker und Mystiker, schreibt: »Bete, dass deine Einsamkeit zum Stachel werde, etwas zu finden, wofür du leben kannst, und groß genug, um dafür zu sterben.« Ich soll die Einsamkeit nutzen als Stachel, der mich antreibt, über mich selbst hinauszuwachsen. Wenn ich in der Einsamkeit nur um mich und mein Alleinsein kreise, dann geht es mir nicht gut. Aber wenn ich sie als Herausforderung sehe, in Beziehung zu treten zu etwas, das größer ist als ich selbst, dann bekommt sie einen neuen Sinn. Sie treibt mich dann entweder auf Gott hin oder aber zu einem Werk, das den Menschen dient.

Verwandt mit dem Wort »einsam« ist »allein«. Beide Worte haben mit dem Wort »eins« zu tun. Das meint nicht nur den Einzelnen, sondern auch die Qualität des Menschen. Der Mensch ist berufen, eins zu werden. Beide Worte haben ursprünglich eine positive Bedeutung. Das Suffix »..sam« meint ursprünglich: mit etwas übereinstimmend, zusammenhängen. Der Einsame ist also der, der mit sich und seiner inneren Einheit übereinstimmt, der ganz er selber ist. Ähnlich kann man mit Peter Schellenbaum das Wort »allein« deuten. Schellenbaum spricht davon, dass es doch wunderbar ist »all-eins«, mit allem eins zu sein. Wer in seiner Einsamkeit mit allem eins ist, der leidet nicht darunter, sondern der ist im Einklang mit sich selbst und mit allem, was ist. Er ist im Einklang mit Gott, dem Grund seiner Seele, und mit allen Menschen.

Wenn ich meine Einsamkeit als Herausforderung sehe, in Beziehung zu treten zu etwas, das größer ist als ich selbst, dann bekommt sie einen neuen Sinn.

Hermann Hesse, der schwäbische Dichter, hat sich in seinen Gedichten mit dem Thema Einsamkeit auseinandergesetzt. Von ihm stammt das Wort: »Leben ist Einsamsein. Kein Mensch kennt den andern, jeder ist allein.« Die Einsamkeit gehört also wesentlich zum Menschen. Es gibt Bereiche, in denen mich der andere nicht kennt, selbst mein Ehepartner nicht. Auch in der Ehe gibt es Einsamsein. In einem anderen Gedicht entfaltet Hesse, was Einsamsein und Alleinsein bedeutet: »Du kannst reiten und fahren/ Zu zwein und zu drein,/ Den letzten Schritt/ Musst du gehen allein./ Drum ist kein Wissen/ Noch Können so gut,/ Als dass man alles Schwere/ Alleine tut.«

Bei allen Kontakten, die wir haben, bei unseren gemeinsam Fahrten und Reisen und den vielen gemeinsamen Unternehmen sollten wir zwei Dinge nicht vergessen: Den letzten Schritt unserer Reise müssen wir alleine gehen. Es ist der Schritt über die Schwelle des Todes. Und der Gipfel der Weisheit besteht darin, zu wissen, dass wir alles Schwere alleine tun müssen. Was uns im Herzen wirklich bewegt, wozu uns das Gewissen antreibt, das müssen wir alleine tun. Da können wir keinem anderen die Entscheidung überlassen. Wir müssen uns ganz alleine entscheiden und dafür die Verantwortung übernehmen.

Jeder, der Verantwortung für andere übernimmt, in einer Firma, in einem Verein, in der Politik, aber auch in der Familie, erfährt immer auch eine innere Einsamkeit. Er kann nicht alles, was er tut, den anderen erklären. Er hört auf sie, er berät sich mit ihnen. Doch dann kommt der Zeitpunkt, an dem er eine Entscheidung treffen muss. Und die kann er nur alleine fällen. Das macht ihn einsam. Da gibt es Bereiche, in die ihm niemand folgen kann. Da stoßen wir in ein Geheimnis vor, das wir anderen nicht mehr mit Worten erklären können. Friedrich Nietzsche sagt von dieser Erfahrung: »Wer die letzte Einsamkeit kennt, kennt die letzten Dinge.« Die Einsamkeit führt uns in den Grund allen Seins. Dort berühren wir das Geheimnis der Welt, das Geheimnis Gottes und unser eigenes Geheimnis.

Einsamkeit ist der eine Pol unseres Menschseins. Ihn gilt es anzunehmen als Herausforderung, mit uns selbst eins zu werden, unsere Identität zu finden und zugleich über uns hinauszuwachsen in Gott hinein. Wer sich seiner Einsamkeit stellt, der erlebt sie als einen Ort, an dem er zu allem Beziehung aufnimmt. Daher kann Einsamkeit nur dann fruchtbar gelebt werden, wenn wir zugleich Geborgenheit erfahren. In der Einsamkeit können wir manchmal erfahren, dass wir getragen sind von Gott, von der Welt, dass wir in dieser Welt nicht unbehaust sind, sondern geborgen, weil diese Welt von Gott selbst durchdrungen ist.

Das Wort »Geborgenheit« kommt von »bergen«. Es meint, dass wir in eine Fluchtburg, die von Bergen umgeben und geschützt wird, in Sicherheit gebracht werden. Geborgenheit meint Sicherheit, sich getragen, behütet und geschützt fühlen. Psychologen stellen fest, dass sich heute immer mehr Menschen ungeborgen und unbehaust fühlen. Sie haben keinen äußeren oder inneren Ort, an dem sie sich geschützt und behütet wissen. Sie fühlen sich den Angriffen von innen und außen ausgesetzt. Auch hier ist es gut, erst einmal in sich selbst Geborgenheit zu erleben, in sich den inneren Schutzraum zu spüren, zu dem die feindlichen Angreifer – reale Menschen oder aber Gedanken und Emotionen – keinen Zutritt haben. Wer diese Geborgenheit erfährt, der kann auch gut allein sein. Er genießt seine Einsamkeit. Er ist nicht vereinsamt, sondern ist eins mit sich selbst und mit der Welt und mit Gott.

Ekel – Sich für das Leben entscheiden

Schon wenn wir das Wort »Ekel« aussprechen, spüren wir etwas wie Unangenehmes. Ekel meint: Abscheu vor etwas. Und in seiner intensivsten Form ist Ekel der Reiz zum Erbrechen. Die Franzosen haben zwei Worte, die wir beide mit Ekel über-setzen. Teilhard de Chardin hat diese beiden Begriffe immer wieder in seinem Werk benutzt. Das eine ist »dégout«. Es bezeichnet die Verneinung von Geschmack, Mangel an Lust und meint Abneigung und Missfallen. Der andere Begriff ist »nausée«. Das ist ursprünglich ein medizinischer Begriff und meint den Brechreiz, der vom Ekel an den Speisen ausgelöst wird. Das Wort kommt ursprünglich von »naus« und »navis«, das Schiff bedeutet. Es ist also die Schiffskrankheit, die zum Erbrechen führt. Jean-Paul Sartre hat in seinem Roman »La Nausée« den Abscheu vor dem Leben als grundlegendes Daseinsgefühl des heutigen Menschen beschrieben. Die Latei-ner kennen ein eigenes Wort »taedium vitae«. Es meint der Ekel vor dem Leben oder auch die Antriebslosigkeit des Lebens, ein abscheuliches, widerwärtiges Leben.

Was die Sprache uns erzählt, das erleben wir auch im Alltag. Es ekelt uns vor einer Speise, die verdorben ist, etwa vor einem schimmligen Brot. Wir ekeln uns aber auch manchmal vor Spei-sen, die gut sind, aber so sehr gerade nicht unserem jetzigen Gefühl entsprechen, dass sich in uns Widerstand regt. Es ist gut, diesem inneren Widerstand zu folgen, denn wir das, wovor uns ekelt, essen würden, müssten wir erbrechen. Wir ekeln uns vor einem Zimmer, das unaufgeräumt oder vollkommen verdreckt ist, oder vor einem Menschen, der verwahrlost ist. Er ruft in uns ein negatives Gefühl hervor, dem wir nur schwer entgehen können. Wir können uns noch so sehr anstrengen, dem anderen in christlicher Nächstenliebe zu begegnen und ihn nicht zu bewerten. Das Gefühl des Ekels ist stärker. Es lockt in uns Stacheln der Abwehr hervor. Wir ziehen uns auf uns selbst zurück, um uns von dem Ekelerregenden nicht anstecken zu lassen.

Der Ekel geht vor allem über den Geruchssinn, den Geschmackssinn und über die Augen. Doch es gibt auch den Ekel in geistiger Bedeutung. Wir sind voller Abscheu gegenüber brutalen Haltungen, gegenüber Gewalt, gegenüber Niederträchtigkeit und Intrige. Es gibt einen moralischen Abscheu gegen alles, was unserem gesunden Menschenverstand und Menschengeschmack widerspricht. Wir empfinden etwa auch Ekel gegenüber einem protzigen Reichtum, den die Reichen schamlos zur Schau stellen.

Das, was die Lateiner »taedium vitae« nannten, erleben wir auch heute. Es gibt Menschen, die keine Lust zum Leben haben, die das Leben anwidert, die Ekel empfinden vor ihrem Leben. Für Thomas von Aquin gehört »taedium vitae« zu den sieben Todsünden. Er rechnet ihn der »Acedia«, der Trägheit oder Lustlosigkeit zu. Man wehrt sich in dieser Haltung gegenüber allem, was einem wirklich gut täte, gegenüber dem Leben, gegenüber dem Heil, das Gott anbietet, gegenüber der Freude. Man verschließt sich gegenüber dem Leben und schließt sich letztlich in sich selber ein. In dieser Selbstisolierung stört einen alles, was von außen kommt. Alles ruft nur noch Ekel hervor.

Ekel kann auch eine Warnfunktion haben. Aber aufpassen müssen wir, wenn der Ekel in uns zum Ekel am Leben wird.

Unsere Aufgabe ist es, mit dem Ekel angemessen umzugehen. Oft ist der Ekel Ausdruck unseres inneren Widerstandes gegenüber etwas anderem. Der Ekel zeigt uns an, welche Speisen uns gut tun und welche nicht, in welchen Räumen wir uns wohl fühlen und wo nicht, mit welchen Menschen wir gerne zusammen sind und mit welchen nicht. Dann ist es gut, dem Ekel zu trauen. Allerdings sollten wir den Ekel einem Menschen gegenüber nicht verfestigen. Der Ekel ist die erste Reaktion unserer Seele. Dann ist es wichtig, auch diesen verwahrlosten Menschen anzunehmen und in ihm seine göttliche Würde zu entdecken. Aber der Ekel drängt uns, den anderen darauf hinzuweisen, dass er sich mit seiner Verwahrlosung selber schadet. Aufpassen müssen wir, wenn der Ekel in uns zum Ekel am Leben wird. Dann gilt es darum, dieses Gefühl genauer anzuschauen. Wir ekeln uns vor dem Leben, weil wir in uns andere Vorstellungen vom Leben tragen. Von diesen Vorstellungen sollen wir uns verabschieden, damit wir uns so für das Leben entscheiden.

Emotionale Dürre – Innerlich abgestorben

*E*s gibt Menschen, die innerlich vertrocknet sind. Sie können nichts mehr empfinden. Sie sind unfähig, sich für etwas zu begeistern. Alle Gefühle sind ausgedorrt. Solche Menschen empfinden wir als innerlich abgestorben. Ohne Emotionen erscheint der Mensch wie tot. Gefühle verleihen dem Menschen Spannkraft. Sie lassen ihn sein Leben als sinnvoll erscheinen. Er spürt sich selbst in den Emotionen. Doch wenn die Emotionen vertrocknen und verdorren, dann fühlt sich der Mensch nicht als lebendig an. Er erstarrt innerlich.

Es braucht Behutsamkeit und Achtsamkeit, um die Gefühle zu entdecken, die wie unter einer Betonschicht von Verdrängung hausen.

In der Begleitung erlebe ich immer wieder Menschen, die unter ihrer emotionalen Dürre leiden. Sie möchten gerne fühlen. Aber sie fühlen nichts. Sie können sich nicht über etwas freuen. Auch die Trauer berührt sie nicht wirklich. Manchmal ist diese emotionale Unempfindlichkeit Ausdruck von Depression. In der Depression erstarrt das Gefühlsleben. Aber es gibt die emotionale Dürre auch außerhalb der Depression. Es ist einfach ein Abgeschnittensein von den Emotionen. Die Gefühle sind wie eine Quelle, aus der Lebendigkeit strömt. Doch bei manchen ist diese Quelle vertrocknet.

Menschen, die an emotionaler Dürre leiden, leben einfach so dahin. Ihr Leben hat keine Höhepunkte und keine Tiefpunkte. Alles ist gleich. Das Leben gleitet dahin auf einer vertrockneten Straße. Auch die Landschaft ist verdorrt. Da ist kein Grün, an dem man sich freuen kann. Solche Menschen beneiden andere, die sich begeistern und freuen können.

Im Blick auf andere Menschen sind sie unempfindlich. Wenn man sie fragt, was sie in der Begegnung mit diesem oder jenem Menschen empfinden, antworten sie: Nichts. Sie nehmen nicht wahr, wie es dem anderen wirklich geht. Sie hören nur die Worte. Aber sie spüren nicht die Gefühle, die im anderen sind. Das führt im Gespräch oft zu Verletzungen. Sie möchten den anderen nicht verletzen, aber indem sie über seine Gefühle weggehen und nur nüchtern und trocken reagieren, fühlt sich der andere gekränkt. Er fühlt sich nicht ernst genommen mit seinen Gefühlen. Man geht einfach über seine Emotionen hinweg. Die einen leiden an emotionaler Dürre. Sie fühlen sich minderwertig anderen gegenüber. Andere dagegen wollen ihre emotionale Dürre nicht wahrhaben. Sie verletzen dann lieber andere. Sie werfen anderen Gefühlsduselei vor oder emotionalen Überschwang. Sie nennen jemand eine Gefühlsnudel oder sprechen verächtlich von emotionalen Typen, mit denen man nicht vernünftig reden kann. Doch damit lenken sie nur von ihrer eigenen Not der emotionalen Dürre und Unempfindlichkeit ab.

In Diskussionen bekommen unempfindliche Menschen die Emotionen gar nicht mit, die andere umtreiben. Indem sie rein sachlich argumentieren, rufen sie in den anderen Ärger und Unverständnis hervor. Die anderen können *Die Gefühle* mit ihren Gefühlen und mit ihren Sehn- *wollen ans Licht* süchten und Wünschen bei ihnen gar kein *gebracht werden.* Gehör finden. Nach außen hin erscheinen diese vertrockneten und unempfindlichen Menschen oft als stark. Sie achten nicht auf ihre Emotionen. Aber in Wirklichkeit gleichen sie eher seelenlosen Robotern. Man sucht ihre Nähe nicht. Und so geraten sie in eine Isolation.

Manchmal spüren unempfindliche Menschen ihre Einsamkeit. Dann versuche ich sie, auf dieses Spüren hinzuweisen. Sie sollen sich in dieses Gefühl der Einsamkeit hinein spüren. Dann erleben sie ja ein Gefühl. Oder ich lasse sie in ihren Körper hinein spüren: Wie fühlt sich denn die Dürre an? Auch die Dürre ist ja ein Gefühl. Auch die Unempfindlichkeit kann ich wahrnehmen und spüren. Wenn jemand an seiner emotionalen Dürre leidet, dann fühlt er etwas. Ich versuche ihn dann, an dieses Gefühl heranzubringen. Dann erkennt er, dass es niemanden gibt, der keine Gefühle hat. Die Gefühle sind vielleicht schwach ausgeprägt oder sie sind vertrocknet. Aber unter der dürren Oberfläche sind sie trotzdem zu finden. Es braucht Behutsamkeit und Achtsamkeit, um die Gefühle zu entdecken, die unter einer Betonschicht von verdrängten Gefühlen hausen. Die Gefühle wollen ans Licht gebracht werden. Ich versuche, mich in mich hinein zu spüren, gleichsam durch die Betonschicht ein Loch zu bohren und durch sie hindurch zu gehen, um mit den Gefühlen in Berührung zu kommen, die unterhalb dieser Betonschicht sind. Dann können sie langsam aufsteigen. Und mitten auf einem vertrockneten Acker werden dann zaghaft die ersten Blüten der Gefühle aufblühen und mich wieder lebendig machen.

Enttäuschung – Herausgerissen aus der Täuschung

*E*nttäuschung – das ist etwas, was wenigen erspart bleibt. Es ist ein Gefühl, das ganz tief gehen und bleibende Wunden hinterlassen kann. Es kann selber wieder ganz starke Emotionen auslösen, Wut oder Verzweiflung etwa. Wie soll man damit umgehen?

Das deutsche Wort »enttäuschen = aus einer Täuschung herausreißen« wurde um das Jahr 1800 als Ersatz für zwei französische Wörter gebildet: desabuser = jemandem die Augen öffnen, jemanden ernüchtern, und detromper = jemanden eines Besseren belehren. Wir täuschen uns oft in der Erwartung an einen bestimmten Menschen. Die Enttäuschung über einen Menschen, dem wir viel gegeben und vertraut haben, von dem wir erwartet haben, dass er zu uns hält und uns gegenüber sich als dankbar erweist, tut weh. Es schmerzt, Abschied nehmen zu müssen von einem Bild, das wir uns vom anderen gemacht haben. Wir waren uns sicher, dass unser Bild dem Wesen des anderen entspricht. Aber die Enttäuschung ist auch eine Chance. Wir werden aus einer Täuschung herausgerissen. Uns werden die Augen geöffnet, damit wir der Wahrheit ins Gesicht sehen. Und wir werden eines Besseren belehrt. Die Erfahrung lehrt uns, dass wir besser hinschauen sollen, damit wir kein falsches Urteil über einen Menschen oder über einen Sachverhalt fällen.

Wir werden von Menschen enttäuscht. Wir setzen auf sie unser Vertrauen. Aber dann verhalten sie sich ganz anders. Sie arbeiten gegen uns. Sie verletzen uns. Sie erfüllen nicht unsere

Erwartungen. Die Enttäuschung ist die Einladung, den anderen realistischer zu sehen. Wir sollen nicht in das Gegenteil unserer Überschätzung verfallen und ihn nun unterschätzen oder gar ablehnen. Wir sollen lernen, ihn realistischer zu sehen, ohne über ihn zu urteilen. Das ist nicht so einfach. Enttäuschung ist immer mit Schmerz und oft genug auch mit Wut verbunden. Diese Wut kann uns blind machen, sodass wir den anderen jetzt als Ungeheuer sehen und alles Negative in ihn hineinprojizieren. Dann täuschen wir uns wieder in ihm. Es geht darum, die Täuschungen aufzugeben und der Wahrheit ins Auge zu sehen.

Wir werden auch enttäuscht, wenn wir uns für eine Prüfung vorbereitet haben und sie entweder nicht bestehen oder nicht so gut bestehen, wie wir gedacht haben. Dann sind wir von uns selbst enttäuscht. Wir haben uns auf die Prüfung vorbereitet. Aber wir haben es nicht geschafft, unser Wissen angemessen anzubringen. Ob es an uns lag oder am Prüfer – auf jeden Fall ist etwas nicht so gelaufen, wie wir es gerne gehabt hätten. Wir sind oft auch enttäuscht über uns, dass wir nicht so ideal sind, wie wir gerne sein möchten, wenn wir einen Fehler machen, wenn uns etwas auf unserem inneren Weg nicht gelingt. Auch da geht es darum, uns

Wir werden eines Besseren belehrt, wenn wir besser hinschauen und kein falsches Urteil über einen Menschen oder über einen Sachverhalt fällen.

von unseren Bildern von uns selbst zu verabschieden und uns realistischer zu sehen und anzunehmen. Aber wir sollten uns jetzt auch nicht schlecht- und kleinreden. Wir sind so, wie wir sind. Es gehört Demut dazu, uns so anzunehmen, wie wir sind, mit unseren Stärken und mit unseren Schwächen.

Es ist immer die Gefahr, dass wir in der Enttäuschung hängen bleiben, dass wir jammern, dass alles so schiefgelaufen ist, dass uns dieser Mensch so enttäuscht hat, dass wir diesen Fehler gemacht haben, diese Schwäche haben. Doch dann schaden wir uns selbst. Der richtige Umgang wäre: sich mit der Enttäuschung auszusöhnen und die Chance darin zu erkennen, sich der Wahrheit zu stellen, der eigenen Wahrheit und der Wahrheit der Menschen, die uns enttäuscht haben. Die Enttäuschung möchte uns die Augen öffnen, dass wir uns selbst und die anderen und die Situation realistischer einschätzen und realistischer damit umgehen.

In meiner Arbeit als Cellerar in den letzten 35 Jahren habe ich selber manche Enttäuschung erlebt. Ich habe Menschen geholfen und doch manchmal nicht nur keinen Dank erfahren, sondern eher Kritik geerntet und ein hohes Anspruchsdenken erlebt. Ich habe gespürt, welche spirituelle Herausforderung es für mich ist, durch die Enttäuschung nicht bitter und hart zu werden. Die Enttäuschung stellt mich also vor die Frage, was ich mit meinem Leben möchte. Anerkennung und Bestätigung? Oder möchte ich – auch wenn es von außen nicht wahrgenommen wird – meinem Wesen treu bleiben und um mich herum trotz aller Enttäuschung eine Atmosphäre des Vertrauens und der Zuversicht schaffen? Die Enttäuschung befreit mein Streben, Vertrauen auszustrahlen, von allen egozentrischen Tendenzen. Es geht darum, meinem Wesen und meinen Idealen gerecht zu werden, ohne auf Anerkennung zu setzen. So befreit mich die Enttäuschung von allem Egoismus, dass ich immer durchlässiger werde für den Geist Jesu Christi. Aber auch von dieser Durchlässigkeit kann ich wieder ein Ideal machen. Auf meinem Weg dorthin werde ich immer wieder erleben, wie vieles in mir der Durchlässigkeit entgegensteht. Das gilt es demütig anzunehmen. Und es geht dann darum, in meinen Stärken und in meinen Schwächen für Christus durchlässig zu werden.

Ergriffenheit – Tiefe der Seele

Wenn ein Film uns ergreift, dann spüren wir, was das heißt: Ergriffenheit. Wir sind berührt von der Geschichte, den Bildern, der Stimmung. Etwas hat nach uns gegriffen, hat uns gepackt. Wir konnten uns dem Eindruck des dargestellten Geschehens nicht entziehen. Oder ein Wort ergreift uns, das ein anderer Mensch uns zuspricht. Wir hören dieses Wort nicht nur akustisch, sondern es greift in unser Inneres ein. Es berührt uns unmittelbar in unserem Herzen. Wir können uns nicht dagegen wehren. Ein Lied geht uns zu Herzen und ergreift uns, oder ein Konzert. Es ist nicht nur ein kurzes Gefühl des Gerührtseins. Ergriffenheit ist ein Zustand, der lange anhält.

Wir sind ganz bei uns selbst. Eine große Ruhe macht sich in uns breit.

In diesem Zustand können wir nicht über oberflächliche Dinge reden. Wir werden still. Wir bleiben stehen und sind ganz bei uns selbst. Wir erfahren uns auf eine neue Weise. Wir kommen mit der Tiefe unserer eigenen Seele in Berührung. Und wir wollen nicht sofort wieder aus dieser Tiefe auftauchen, um nur an der Oberfläche zu existieren.

Manchmal drücken wir unsere Ergriffenheit aus, indem wir selbst nach unserem Herzen greifen. Wir zeigen mit dieser Gebärde, wo uns etwas ergreift: es ist das Herz, die Mitte unserer Person und das Organ unserer tiefsten Gefühle. Manchmal müssen wir weinen, weil wir so ergriffen sind. Das Gefühl will sich in den Tränen ausdrücken. Es bringt etwas in uns zum Fließen. Wenn wir weinen, sind wir ganz im Weinen.

Dann können wir nichts anderes tun. Wir möchten in diesem Zustand nicht mit einem anderen sprechen. Wir wollen die Tränen der Ergriffenheit genießen, ihnen ihren Lauf lassen. Das bringt uns dazu, dass wir uns selber loslassen können. Wir halten nicht mehr fest an unserem Ego. Wir sind in unserer Personmitte berührt worden.

Alle Turbulenzen in uns kommen zur Ruhe, weil uns das, was uns ergreift, sammelt und uns zentriert hin auf unsere Mitte, in der wir ganz wir selber sind.

Manchmal aber drücken wir die Ergriffenheit aus, indem wir verstummen und ganz bei uns bleiben. Wir wollen dem nachspüren, was uns da so ergriffen hat. Wir spüren, dass da etwas ganz Bedeutsames uns berührt hat. Und es ist etwas Großes in uns geschehen. Wir können da nicht einfach wieder zur Tagesordnung übergehen. Es ist ein stilles Nachspüren. Wir brauchen dann keine Meditationstechnik. Das, was wir in der Meditation erreichen möchten, das hat uns in der Ergriffenheit schon erreicht. Wir sind ganz bei uns selbst, ganz in unserer Mitte. Eine große Ruhe macht sich in uns breit. All die Turbulenzen in uns kommen zur Ruhe, weil uns das, was uns ergreift, sammelt. Es zentriert uns hin auf unsere Mitte, in der wir ganz wir selber sind.

Feindseligkeit – Herausgefordert vom Schatten

Das deutsche Wort »Feind« kommt ursprünglich von hassen. Der Feind ist der Hassende und zugleich auch der zu Hassende. Weil er mich hasst, hasse ich ihn. Das Wort Feindseligkeit scheint zu bedeuten, dass der Hassende sich in seinem Hass selig, glücklich fühlt. Doch das ist von der ursprünglichen Wortbedeutung nicht gemeint. »Selig« ist vielmehr Ableitung von »sal«. Wer Trübsal hat, ist trübselig. Wer Mühsal trägt, ist mühselig. Die Feindseligkeit ist also mehr ein Zustand des Hassens und der Feindschaft. Ich begegne jedem Menschen feindselig. Hass ist die Grundstimmung, mit der ich alle Menschen in meiner Umgebung anschaue. Feindseligkeit ist eine Stimmung, die das ganze Sein des Menschen ergreift. Es gibt aber auch nur die Feindseligkeit bestimmten Menschen gegenüber. Vielleicht bin ich sonst gütig und fröhlich. Aber manchen Menschen gegenüber spüre ich in mir eine tiefe Feindseligkeit.

Der Feindselige verweigert das Gespräch und verschanzt sich lieber wie hinter einem Panzer, aus dem heraus er auf die anderen schießt.

Die Frage ist, wie ich mit der Feindseligkeit umgehen soll. Wenn ich eine allgemeine Feindseligkeit in mir spüre – gegen alles und alle –, dann sollte ich mich fragen: Was erwarte ich vom Leben? Ist die Feindseligkeit einfach eine Rebellion gegen das Leben, das ich führe, gegen die Menschen, die an meinem Zustand schuld sind? Habe ich den Eindruck, dass ich ein anderes Leben verdient hätte? Dann wäre die Feindseligkeit eine Einladung, Ja zum Leben und zu mir selbst zu sagen, Ja sagen zu dieser Realität meines Lebens und mich verabschieden von Illusionen, denen ich nachhänge.

Wenn ich nur bestimmten Menschen gegenüber feindselig bin, dann soll ich – ohne das sofort zu bewerten – einfach nachspüren: Warum löst dieser Mensch in mir Feindseligkeit aus? Woran erinnert er mich? Was an ihm macht mich so feindselig? Dann werde ich vermutlich in mir Seiten entdecken, an die der andere mich erinnert. Und dann wäre meine Aufgabe zuerst einmal, mir selbst gegenüber die Feindseligkeit abzulegen und mich selber liebevoll anzunehmen, so wie ich bin. Wenn ich mit mir in Einklang komme, dann wird sich das Gefühl der Feindseligkeit diesem Menschen gegenüber legen. Ich werde dann barmherziger auf ihn schauen. Nicht dieser Mensch ist dann mein Feind, den ich hasse, sondern er erinnert mich nur an die Seiten in mir, die ich nicht akzeptiert habe. Er wird dann für mich zur Herausforderung, mich selber mit allen Schattenseiten anzunehmen.

Verweigerung der Kommunikation ist die Bankrotterklärung jeder Menschlichkeit.

In der Wirtschaft sprechen wir von feindseliger Übernahme. Da übernimmt eine Firma eine andere. Aber sie kooperiert nicht mit ihr. Sie führt keine Gespräche, sie will einfach ihre Macht zeigen, dass sie diese Firma aufkaufen und übernehmen kann. Sie übergeht den Willen der Firma und ihrer Mitarbeiter. Sie lässt sich nicht auf Verhandlungen ein. Die Feindseligkeit ist die Weigerung, Gespräche mit dem anderen zu führen. Mit meiner Feindseligkeit mache ich mir die anderen zu Feinden. Dann bestätigt mir meine Feindseligkeit, dass ich Recht habe, dass mit den anderen nicht zu sprechen ist. Doch Grund aller Turbulenzen, die dann entstehen, ist meine Feindseligkeit und nicht die Unfähigkeit der anderen, mit mir ins Gespräch zu kommen. Der Feindselige spricht nicht mit dem Feind. Denn ein wirkliches Gespräch könnte ja seine Feind-

seligkeit auflösen. So verschanzt er sich lieber in seiner Feindseligkeit wie hinter einem Panzer, aus dem heraus er auf die
anderen schießt. Das aber ist die Bankrotterklärung jeder
Menschlichkeit.

Freiheitsgefühl – Im Einklang mit mir selber

Freiheit ist eine Tugend. Die Philosophen haben davon gesprochen, dass der Mensch frei ist. Er hat einen freien Willen. Allerdings wissen sie auch: Diese Freiheit ist immer auch begrenzt durch unsere Lebensmuster, durch die Enge unserer Erziehung und durch die Grenzen, die unser Charakter uns setzt. Die Philosophie spricht von der Freiheit von und von der Freiheit für. Das Ziel einer reifen Persönlichkeit ist demnach, frei zu werden von der Herrschaft unserer Emotionen und Bedürfnisse sowie von der Macht und Erwartung anderer Menschen, und davon, dass man sich nicht bestimmen lässt vom eigenen Egoismus. Die positive Bestimmung der Freiheit ist: *für* ein Ziel dazu sein, *für* Menschen sich einzusetzen, sich auf die Liebe einzulassen.

Freiheitsgefühl bedeutet immer auch: Ich bin frei, ich selbst zu sein. Ich bin ursprünglich und authentisch.

Von der Tugend der Freiheit müssen wir das Freiheitsgefühl unterscheiden. Da geht es nicht um die Frage, wie ich frei werde und ob ich frei bin und mich frei entscheide, sondern darum, ob ich mich frei fühle. Manchmal dürfen wir diese Erfahrung machen: dass wir uns ganz frei fühlen. Dann richten wir uns nicht nach der Meinung der anderen. Es ist ein schönes Gefühl: Ich kreise dann nicht um die Frage, was die anderen von mir denken oder wie sie mich beurteilen. Ich bin dann frei, ganz ich selbst zu sein. Freiheitsgefühl bedeutet immer auch: im Einklang mit sich sein. Ich bin frei, ich selbst zu sein. Ich bin ursprünglich und authentisch.

Ich habe einen Priester begleitet, der immer wieder von Ängsten heimgesucht wurde. Er erzählte mir, dass er sich einmal, bei der Meditation, für ein paar Sekunden ganz frei gefühlt habe. Das war für ihn ein Glücksgefühl. Da spürte er, dass die Angst ihn nicht im Griff hat. Er war in diesem Augenblick ganz er selbst, ohne Druck, sich vor anderen beweisen zu müssen, und ohne Angst, den Erwartungen der anderen nicht entsprechen zu können. Das Gefühl der Freiheit weitet uns das Herz und beflügelt uns. Wir fühlen uns frei, uns dem Leben zuzuwenden.

Fasziniert von dem Gefühl der Freiheit war vor allem der deutsche Dichter Friedrich Schiller. Für ihn ist der Soldat das Bild des freien Menschen: »Der dem Tod ins Angesicht schauen kann/ Der Soldat allein ist der freie Mann.« Und in einem anderen Gedicht heißt es: »Der Mensch ist frei geschaffen, ist frei, / Und würd' er in Ketten geboren.«

Dieses Gefühl weitet uns das Herz und beflügelt uns. Wir fühlen uns frei, uns dem Leben zuzuwenden.

Die Erfahrung von Freiheit ist die wunderbare Erfahrung des Menschseins. Wenn einer das nicht nur im Kopf verstanden hat, sondern mit dem Herzen fühlt, dann spürt er seine Würde als Mensch und er geht aufrecht durch das Leben. Er hat keine Angst, in eine Gruppe von Menschen zu gehen und auch keine Angst, vor anderen zu sprechen. Er kann sich so geben, wie er ist. Er wird nicht von seinen eigenen Ängsten beherrscht und nicht von den Erwartungen der Menschen. Er handelt und spricht aus seiner eigenen Freiheit heraus. Bei manchen Menschen spürt man, dass sie innerlich frei sind. Sie stehen nicht unter Druck, sich beweisen zu müssen. Sie sind einfach da. Sie sind, wie sie sind, sie sind wahrhaft frei. Solchen Menschen zu begegnen ist selber eine befreiende und beglückende Erfahrung.

Freude – Weite des Herzens

$\mathcal{D}$er alttestamentliche Weisheitslehrer Kohelet gibt am Ende seiner eher pessimistischen Sicht des Menschen den Rat: »Also: Iß freudig dein Brot, und trink vergnügt deinen Wein.« (Koh 9,7) Kohelet geht also davon aus, dass der Mensch bei allem Leid, das ihn auch trifft, für die Freude geschaffen ist. Doch kann ich mein Brot freudig essen, wenn es mir nicht gut geht? Offensichtlich liegt es doch an uns, bei allem Leid, das uns immer wieder trifft, uns für die Freude zu entscheiden. Doch Freude ist nicht einfach ein Gefühl, das ich auf Befehl in mir hervorrufen kann. Freude ist Ausdruck erfüllten Lebens. Ich kann also nicht die Freude an sich anstreben. Doch ich kann versuchen, mein Leben mit allen Sinnen zu leben. Dann werde ich auch mit der Freude in Berührung kommen, die in mir ist. Je bewusster ich lebe, desto mehr werde ich die Freude in mir spüren. In jedem von uns liegt auf dem Grund seiner Seele Freude bereit. Aber oft sind wir von dieser Freude abgeschnitten. Wir können es üben, mit der inneren Freude in Berührung zu kommen. Sie weitet unser Herz. Wenn wir die Freude in uns spüren, geht uns manches leichter von der Hand. Dann bekommt unser Leben einen anderen Geschmack. Und es ist heilsam für unser ganzes Leben, wenn die Freude den Raum in uns einnimmt, der ihr eigentlich zukommt.

Freude ist eine gehobene Emotion, sagt die Psychologin Verena Kast. Sie tut der Seele gut. Sie macht die Seele weit, sie beschwingt uns, sie lässt das Leben leichter werden. Und die

Freude verbindet uns mit anderen Menschen. Freude drängt uns, sie mit anderen zu teilen. Geteilte Freude ist doppelte Freude, sagt das Sprichwort. Freude schafft Beziehung. Sie schenkt uns Lebendigkeit. Die Freude stärkt unsere Gesundheit. Das wussten schon die Weisen des Alten Testamentes: »Ein fröhliches Herz tut dem Leib wohl, ein bedrücktes Gemüt lässt die Glieder verdorren.« (Spr 17,22) Wer sich wohlfühlt, der tut auch seinem Leib etwas Gutes. Freude wirkt gesundheitsfördernd. Wer bekümmert und sorgenvoll zu Bett geht, den quälen die Sorgen oft noch während des Schlafes. Doch »der Schlaf des Fröhlichen wirkt wie eine Mahlzeit, das Essen schlägt gut bei ihm an.« (Sir 30,25)

Es braucht nicht viel, um sich freuen zu können. Es genügt, ganz im Augenblick zu sein.

Wir können weder uns selbst noch andere zur Freude zwingen. Doch manchmal braucht es offensichtlich einen Aufruf zur Freude. So hat Paulus aus dem Gefängnis heraus die Philipper aufgerufen: »Freut euch im Herrn zu jeder Zeit! Noch einmal sage ich: Freut euch!« (Phil 4,4) Wir merken oft gar nicht, wie wir unsere Unlust zelebrieren, wie wir uns fixieren auf das Negative. Es gibt genügend Gründe, sich zu freuen. Es gibt nicht nur die Freude im Herrn, von der Paulus schreibt. Es gibt auch die vielen kleinen Dinge, über die wir uns täglich freuen können: den erfrischenden Morgen, die aufgehende Sonne, die schöne Landschaft, in der ich wandere, den Menschen, der mir freundlich begegnet und mich anstrahlt. Es braucht offene Augen, um mich an meinem Leben freuen zu können. Gerade wenn wir offen sind für das, was uns begegnet, kommen wir mit der Freude in uns in Berührung. Die Psychologin Verena Kast sagt, dass Freude nichts kostet außer Aufmerksamkeit: »Wir sehen etwas Schönes, wir hören etwas, das uns ergreift, packt, etwas kommt zum Blühen …« Und wenn wir vor Freude Luftsprünge machen können, so sagt sie, dann wird deutlich, dass Freude ein

Gegengewicht zur Erdenschwere ist und zur Dunkelheit. »Freude suggeriert uns eine mögliche Verbundenheit mit etwas, was über uns hinausgeht.«

So hat es Jesus selbst verstanden. Im Johannesevangelium fordert er uns nicht zur Freude auf, sondern er sagt von sich, dass seine Worte uns mit der Quelle der Freude in Berührung bringen, die in uns ist: »Dies habe ich euch gesagt, damit meine Freude in euch ist und damit eure Freude angefüllt wird.« (Joh 15,11) Jesus teilt durch sein Sprechen die Freude, die in ihm ist, den Zuhörern mit. Wir haben teil an seiner Stimmung. Und wenn seine Worte in uns eindringen, kommen wir in Kontakt mit der Quelle der Freude, die in uns ist, die aber oft genug unter den Sorgen und Ängsten unseres Alltags verschüttet ist. Durch seine Worte steigt die Quelle der Freude vom Grund meiner Seele nach oben und erfüllt auch mein Bewusstsein, sodass ich nun bewusst die Freude wahrnehme.

So geht es uns oft auch beim Singen. Indem wir singen, spüren wir die Freude, die in der Tiefe unserer Seele schlummert. Sie wird durch das Singen oft wachgerüttelt, sodass sie unsere Stimmung prägt. Augustinus sagt: Choros kommt von Chara, das Singen im Chor kommt von der Freude. Singen ist Ausdruck der Freude. Singen führt aber auch zu der Freude, die in uns ist. Das gilt von jeder Musik. Menschen, denen es nicht gut geht, kommen in Berührung mit ihrer inneren Freude, wenn sie etwa die Musik eines Mozart oder Bach oder Händel in sich eindringen lassen. Die Musik verwandelt die Stimmung unserer Seele. Sie erfüllt uns mit Freude.

Je bewusster ich lebe, desto mehr werde ich die Freude in mir spüren.

Es braucht nicht viel, um sich freuen zu können. Es genügt, ganz im Augenblick zu sein. Wenn ich versuche, ganz gegenwärtig zu sein, dann freue ich mich einfach am Sein. Ich bin, also freue ich mich. Ich werde dann meinen Atem als Freude erleben. Im Atem atme ich Freude ein, Leben, Liebe, Klarheit, Frische. Ich genieße es, jetzt nichts tun zu müssen. Ich sitze da, atme, schaue, höre, rieche. Ich bin im Einklang mit mir selbst. Es braucht keine Geschenke von außen. Allein die Bereitschaft, sich jetzt gerade auf diesen Augenblick einzulassen, genügt, um Freude zu erfahren. Aber es braucht auch Übung, alle Sorgen loszulassen, sich von allen Grübeleien zu verabschieden, um ganz in diesem Augenblick zu sein.

Eine wichtige Quelle der Freude ist die Natur. Im Alten Testament gibt es einen Psalm, in dem der Beter voller Freude erzählt, was er beobachtet. Er freut sich darüber, dass Gott die Quellen hervorsprudeln lässt, aus denen die Wildesel ihren Durst stillen. Er beschreibt voller Freude die Vögel des Himmels, deren Gesang aus den Zweigen erklingt. Er preist Gott, dass er dem Menschen den Wein schenkt, »der das Herz des Menschen erfreut«. (Ps 104,15) Und er endet sein Gedicht mit den Worten: »Möge ihm mein Dichten gefallen. Ich will mich freuen am Herrn.« (Ps 104,34) Die Freude an der Schöpfung ist für ihn zugleich Freude über den Schöpfer. Die Schöpfung ist voller Freude, wenn wir sie nur mit offenen Augen und dankbarem Herzen bestaunen.

Das deutsche Wort Freude kommt von einer Wurzel, die »erregt, bewegt, lebhaft, schnell« bedeutet. Freude lässt den Puls schneller schlagen. Sie bringt die Energie im Menschen zum Fließen. Alles geht uns schneller von der Hand. Freude schenkt dem Leben Leichtigkeit. Sie nimmt ihm das Angestrengte und Überfordernde. Wer aus dieser Freude heraus wirkt, dem gelingt mehr. Alles fällt ihm leicht. Die Erdenschwere schwindet. Die Freude drängt uns, etwas anzupacken. Sie ist eine wichtige Triebfeder der Kreativität. Wer aus Freude arbeitet, der wird nicht so leicht erschöpft. Ihm wird alles, was er tut, zur Freude. Er erfährt die Arbeit nicht als Last, sondern als etwas, das ihm Freude bereitet.

Die Bibel sieht Gott als den wahren Grund der Freude. Der Psalmist nennt Gott den »Gott meiner Freude« (Ps 43,4). Das Gottesbild dieses Beters war weit weg von dem angstmachenden Gottesbild, das manche auch heute noch in ihrer Seele tragen. Gott ist Grund der Freude. Zum Haus des Herrn zu pilgern und Gott in wunderbaren Gottesdiensten zu preisen, das erfreute das Herz des frommen Juden. Zugleich wusste er, dass Gott alle Tränen abwischen und uns immer wieder mit Freude erfüllen wird. Gott ist der Garant, dass wir uns immer wieder freuen dürfen. Das war keine euphorische Spiritualität, die die Trauer ausschließt. Vielmehr haben die frommen Beter sich auch den negativen Erfahrungen ihres Lebens gestellt. Doch sie haben erfahren, dass Gott ihre Trauer in Tanz zu wandeln vermag. Jesus greift diese alttestamentliche Sicht der Freude auf, wenn er sagt: »Jetzt seid ihr bekümmert, aber ich werde euch wieder sehen; dann wird euer Herz sich freuen, und niemand nimmt euch eure Freude.« (Joh 16,22) Die Kirchenväter nennen die Freude, von der Jesus spricht, die vollkommene Freude. Gregor von Nyssa spricht von der unzerstörbaren, unbegrenzten und immerwährenden Freude. Sie ist nicht an das Sichtbare gebunden. Sie strömt aus tieferen Schichten der Seele. Sie ist Ausdruck einer tiefen Gotteserfahrung. Wer Gott erfährt – davon ist Gregor von Nyssa überzeugt – der hat in sich eine Freude, die durch äußere Leiderfahrungen zwar überdeckt, aber letztlich nicht genommen werden kann. Das ist eine göttliche Freude.

Was der griechische Mystiker von der inneren Freude sagt, das hat der deutsche Dichter Johann Wolfgang von Goethe in die Worte gekleidet: »Die beste Freude ist das Wohnen in sich selbst.« Wenn die Seele gerne im Leib wohnt, wenn ich bei mir selbst zuhause bin, dann bin ich auch von Freude erfüllt. Freude ist Ausdruck des bewussten und erfüllten Lebens. Wer in sich selbst wohnt, der entdeckt im innersten Raum seines Lebenshauses die Freude. Sie ist immer schon in ihm, selbst wenn äußere Wolken diese Freude verdunkeln. Wenn ich mich von den Konflikten und Widrigkeiten um mich herum immer wieder in den inneren Raum meiner Seele zurückziehe, werde ich die Freude wahrnehmen. Die Mystiker sprechen vom innersten Raum der Stille, von der inneren Zelle. Und dort erfahren sie in sich den Himmel, eine himmlische Freude, wie sie im fröhlichen Gesang der Engel zum Ausdruck kommt.

Gelassenheit – In der Mitte ruhen

Meister Eckehart, der große deutsche Mystiker, hat den Begriff der Gelassenheit (Gelazenheit) geprägt. Für ihn ist sie zuallererst eine Tugend, eine Haltung, die wir einüben sollen. Aber sie ist natürlich auch ein Gefühl. Doch das Gefühl stellt sich erst ein, wenn wir gelernt haben, gelassen zu sein. Gelassen fühle ich mich, wenn ich mich selbst losgelassen habe, wenn ich nicht an meinen Bedürfnissen und Wünschen hänge. Ich lasse meine Illusionen los, die Bilder, die ich von mir und vom anderen habe. Ich lasse den Druck los, unter den ich mich oft setze. Ich gehe gelassen in eine Sitzung. In diesem Sinn hat Gelassenheit etwas mit innerer Ruhe zu tun.

Gelassen wird nur der, der in innerer Freiheit allem begegnet, was auf ihn zukommt.

Gelassenheit ist zugleich die Haltung, die Dinge und die Menschen erst einmal zu lassen, wie sie sind. Heute stehen wir ständig unter Druck, alles ändern zu müssen. Gelassenheit hat mit dem Vertrauen zu tun, dass die Dinge und die Menschen erst einmal gut sind, dass sie so sein dürfen, wie sie sind. Und zugleich steckt in der Gelassenheit die Hoffnung, dass sich manches in ihnen wandeln, dass in ihnen etwas heranwachsen wird, dass sie in die Gestalt hinein gelangen, die ihnen von Gott her zugedacht ist. Aber ich muss sie nicht selber verändern. Ich kann sie lassen und überlasse sie der Gnade Gottes und den Entwicklungsmöglichkeiten, die in jedem stecken.

Gelassenheit braucht Zeit. Sie verträgt keine Hektik. Ich muss mir Zeit lassen, um gelassen bei den Dingen zu sein. Ich brauche Zeit, um mich auf ein Gespräch oder auf eine Begegnung einzulassen. Sich Zeit lassen ist das Gegenteil von Zeit ausnutzen, sich vom Termindruck bestimmen zu lassen. Indem ich mir Zeit lasse, breche ich aus der Herrschaft der Zeit aus. Ich nehme die Zeit wahr. Ich genieße sie. Die Zeit ist mir geschenkt. Ich lasse den Druck los, was ich alles in der kurzen Zeit noch erledigen müsste. Ich lasse die Zeit fließen und nehme sie wahr. Zeit ist immer geschenkte Zeit, Zeit, die Gott und die mir selbst gehört, in der ich mir und meinem wahren Selbst gehöre.

Gelassen ist nur der, der in seiner Mitte ruht. Oft aber lassen wir uns aus unserer Mitte herausreißen. Wir regen uns über Kleinigkeiten auf. Wir sind immer bei den anderen und lassen uns von ihnen bestimmen. Wer gelassen in seiner Mitte ist, der kann auch gelassen auf die Andersartigkeit der Menschen schauen. Er nimmt sie wahr, ohne sie zu beurteilen. Er lässt sie so sein, wie sie sind, und freut sich an ihrem Anderssein. Wer keine Mitte hat, der lässt sich von jedem Menschen in eine andere Richtung drängen. So fühlt er sich bald zerrissen, hin und her gezerrt von den Meinungen, Erwartungen und Urteilen anderer. Gelassenheit verlangt, immer wieder mich zu spüren, in meine Mitte zu kommen und die anderen dort zu lassen, wo sie sind, und sie so zu lassen, wie sie sind.

Im Lassen kann sich Großes entfalten.

Gelassenheit bedeutet, sich zu befreien von den Erwartungen und Ansprüchen, die wir an uns selber stellen. Viele Menschen stehen immer unter Druck. Bei allem, was sie tun, setzen sie sich unter Leistungsdruck. Oder aber sie vergleichen sich mit anderen. Sie können sich nicht auf den Augenblick einlassen, weil sie immer denken, was die anderen jetzt über sie denken könnten. Sie sind unfähig, sich auf das einzulassen, was sie gerade tun. Sie haben bei ihrer Arbeit immer Nebenabsichten. Sie arbeiten nicht nur, sondern sie wollen sich in ihrer Arbeit beweisen, sie wollen andere damit übertreffen. Diese störenden Nebengedanken hindern sie daran, gelassen das zu tun, was sie gerade in die Hand nehmen. Gelassen ist nur der, der bei sich ist, frei von den Gedanken, mit denen er ständig sich selbst und sein Tun beurteilt.

Gelassenheit haben vor allem die chinesischen Weisen gepredigt. Sie glauben daran, dass das Eigentliche entsteht, wenn wir unsere eigenen Absichten loslassen. Sie sind einverstanden mit dem Tao, einverstanden mit dem Leben. Sie dienen dem Leben, damit es sich so entfalten kann, wie es von Gott her gedacht ist. Sie verzichten darauf, das Leben nach den eigenen Vorstellungen zurecht zu biegen. Tschuang-tses sagt von den alten Weisen, die die Gelassenheit verkörperten: »Sie nahmen alles, wie es kam. Völlig heiter nahmen sie den Tod an. Ohne Jammern, und gingen fort, dorthin, nach drüben.« Gelassen wird nur der, der in solch innerer Freiheit allem, begegnet, was auf ihn zukommt. Wer diese Gelassenheit gelernt hat, der empfindet in sich das Gefühl von Gelassenheit. Ihn bringt nichts so leicht aus der Ruhe. Er begegnet allem mit diesem inneren Gefühl von heiterer Gelassenheit. In seiner Nähe fühlen sich auch andere wohl. Sie haben das Gefühl, dass sie sein dürfen, wie sie sind, dass man sie so lässt. In diesem Lassen kann sich dann Großes entfalten.

Gier – Nie genug

Für die Buddhisten ist die Gier die Wurzel aller Übel. Weil der Mensch gierig ist, wird er abhängig von den Dingen dieser Welt. Er will immer mehr und wird im Anhaften an dieses Begehren unfrei. Der 1. Timotheusbrief bestätigt diese Sicht: »Die Wurzel aller Übel ist die Habsucht. Nicht wenige, die ihr verfielen, sind vom Glauben abgeirrt und haben sich viele Qualen bereitet.« (1 Tim 6,10) Im

Der Gierige lebt nie in der Gegenwart, sondern immer schon in der Zukunft.

Griechischen steht hier: »philargyria = die Liebe zum Geld«. Der griechische Mythos sieht in Tantalos das Bild des gierigen Menschen. In der Unterwelt stellt er für alle sichtbar dar, was die Folgen der Gier sind. Das ist die Geschichte: Tantalos steht in einem Bach voll frischen Wassers. Immer wenn er sich bückt, um zu trinken, weicht das Wasser zurück. Über ihm ist ein Baum mit herrlichen Früchten. Doch wenn er sich streckt, um eine Frucht zu pflücken und zu essen, hebt sich der Ast nach oben. So geht Tantalos in seiner Gier leer aus. Der Gierige – das ist die Lehre dieses Mythos – ist unfähig zu genießen. Er will immer mehr, aber er kann das, was er hat, nicht wirklich genießen. Er kann auch das, was er isst oder trinkt, nicht genießen. Er isst vielmehr immer mehr in sich hinein und trinkt immer mehr, bis er betrunken ist oder bis ihn ein Völlegefühl betäubt. Letztlich steckt hinter der Gier das Gefühl: Ich bin zu kurz gekommen. Daher kann ich nie genug bekommen, um dieses Gefühl endlich auszugleichen. Doch der Gierige kann noch soviel bekommen. Es ist nie genug, um die innere Leere auszugleichen.

Psychologen sehen die Ursache der Gier in der Reinlichkeitserziehung. Die Fixierung auf den Kot setze sich später als Fixierung auf das Geld fort. Man spricht von analer Fixierung. Der gierige Mensch kann nichts hergeben und möchte alles für sich behalten. Oft steht die Gier auch für mangelndes Selbstwertgefühl. Das führt dann zum gierigen Essen, zum gierigen Sex und letztlich zur Kaufsucht. Doch die Gier macht den Menschen unfähig, das Essen zu genießen, die Sexualität zu genießen und für die Dinge, die er besitzt, dankbar zu sein. Immer ist es zu wenig. Wenn ein Gieriger durch die Einkaufszentren geht, kann er nicht anders, als möglichst viel einzukaufen. Das gilt für Kleider genauso wie für Nahrungsmittel.

Der Gierige ist nie glücklich. Er hat ein unstillbares Verlangen, immer noch mehr zu essen, zu trinken, zu kaufen, zu besitzen. Sein innerer Antrieb: nur ja nichts versäumen. Offensichtlich hat sich das Gefühl, »zu kurz gekommen zu sein«, so tief in ihn eingefressen, dass er es einfach nicht los wird, auch wenn er noch so viel konsumiert. Der Gierige lebt nie in der Gegenwart, sondern immer schon in der Zukunft. Wenn er isst, denkt er schon an das Nächste, was er auch noch essen müsste. Wenn er etwas kauft, fällt ihm schon etwas anderes ein, was auch noch wichtig wäre. Seine Angst: Sonst könnte er einmal nicht genug daheim an Vorrat haben. Zur Gier gehört dann auch noch der Geiz. Der Gierige kann auch nichts hergeben. Er muss alles behalten.

Wenn er isst, denkt er schon an das Nächste, was er auch noch essen müsste. Wenn er etwas kauft, fällt ihm schon etwas anderes ein, was auch noch wichtig wäre.

Der erste Timotheusbrief hat zwei Folgen der Gier beschrieben: einmal den Abfall vom Glauben und dann viele Qualen und Schmerzen.

Die erste Folge, der Abfall vom Glauben, bedeutet: Ich gebe den festen Stand des Glaubens auf. Ich verliere mein Stehvermögen, weil ich getrieben werde von der Gier. In einer solchen Haltlosigkeit lebe ich nicht mehr selber, sondern ich werde gelebt. Das griechische Wort, das der 1. Timotheusbrief her verwendet, spricht vom Irrwahn. Die Gier führt demnach zu einem Wahn, also einem pathologischen Realitätsverlust. Man wird gleichsam wahnsinnig, wenn man sich von der Gier leiten lässt.

Die zweite Folge: Ich verstricke mich durch meine Gier in viele Schmerzen. Im Griechischen heißt es hier: Ich durchbohre mich mit vielen Schmerzen. Das heißt also: Ich schade mir selbst. Ich tue mir selber weh.

Die Gier ist also nicht nur ein Laster, sondern – so sieht es der Autor des Timotheusbriefes – eine Krankheit. Im Mittelalter versuchte man die gierigen und geizigen Menschen zu heilen, indem man sie auf ihren Tod hinwies: Memento mori, gedenke, dass du sterben wirst. »Das letzte Hemd hat keine Taschen«, sagt das Sprichwort.

Der Timotheusbrief schlägt eine andere, positive Therapie vor. Wir sollten nach anderen Tugenden streben, »nach Gerechtigkeit, Frömmigkeit, Glauben, Liebe, Standhaftigkeit und Sanftmut« (1 Tim 6,11). Diese Tugenden haben auch eine therapeutische Wirkung, denn sie befähigen uns, frei zu werden von dem heillosen Wahn, in den uns die Gier treibt. Liebe und Sanftmut geben unserem Leben zudem einen anderen Geschmack. Glaube und Standhaftigkeit verleihen uns einen festen Stand, Stehvermögen, festen Grund. Und die Frömmigkeit öffnet unser Herz für das höhere Gut, für Gott, den wir nicht mehr besitzen können, der aber unsere tiefste Sehnsucht zu erfüllen vermag.

Gleichgültigkeit – Unberührt vom Menschlichen

Der jüdische Schriftsteller Elie Wiesel, der das Konzentrationslager überlebt hat, hat einmal gesagt: »Das Gegenteil von Liebe ist nicht Hass, sondern Gleichgültigkeit.« Die Gleichgültigkeit seiner Henker, die sich durch nichts Menschliches berühren ließen, hat ihn am meisten erschreckt. Sie war für ihn der Gipfel der Inhumanität.

Das Wort »gleich« ist eigentlich zusammengesetzt aus »ge« und »Leiche«. Es meint also: denselben Körper, dieselbe Gestalt, haben, dieselbe Leiche sein. Gleichgültig bedeutet ursprünglich gleichwertig. Erst allmählich verband man mit diesem Wort: »unterschiedslos, unbedeutend, uninteressiert«. Wem alles gleichgültig ist, der empfindet für nichts etwas. Er hat nicht nur keine Vorlieben, er vermag überhaupt keine Liebe zu irgendetwas zu empfinden. Er bleibt uninteressiert. Er ist letztlich gefühllos. Nichts interessiert ihn. Nichts kann seine menschliche Aufmerksamkeit und seine interessierte Zuwendung auf sich ziehen. Er lässt sich nicht ziehen. Er bleibt als uninteressierter Zuschauer in sich selbst isoliert.

Die Gleichgültigkeit eines Menschen tut uns weh. Wenn wir sie erfahren müssen, haben wir das Gefühl, dass unser Gegenüber kein wirklicher Mensch ist. Denn mitzufühlen mit den Menschen, sich für sie interessieren, das gehört zum Wesen des Menschen. Der Gleichgültige ist unfähig, einen Menschen zu lieben. Er begegnet jedem Menschen und allem, was ihn von außen her trifft, mit diesem Gefühl von Gleichgültigkeit. Das geht ihn alles nichts an. Letztlich kreist er nur um sich und sein Ego. Er lässt sich von niemandem aus seiner Gefühlskälte und seiner Uninteressiertheit heraus locken.

Wir sprechen zwar vom Gefühl der Gleichgültigkeit. Aber eigentlich geht es bei dem gemeinten Phänomen um Gefühllosigkeit. Der Gleichgültige fühlt gar nichts mehr. Er hat um sich herum einen Panzer aufgebaut, durch den nichts hindurch dringen kann. Manchmal wirkt das wie ein Schutzpanzer. Da hat vielleicht jemand Angst, wieder verletzt zu werden oder sich auf jemanden einzulassen, der das eigene Vertrauen missbraucht. So hat die Gleichgültigkeit oft Gründe in der eigenen Lebensgeschichte. Aber es ist kein wirklich zielführender Weg, mit seinen Verletzungen so umzugehen, dass man sich gegen alles abschirmt. Denn das ist ein Weg, der in die Isolierung führt und einen von allen Gefühlen, aber auch von Lebendigkeit und Liebe abschneidet. Ich erschrecke oft, wenn ich Menschen frage: »Was berührt dich? Was macht dir Freude? Wofür kannst du dich begeistern?« Und als Antwort kommt dann: »Nichts.« Ich kann es dann gar nicht glauben und ich versuche, verschiedene Bereiche anzusprechen: die Natur, eine Bergwanderung, die Musik, ein gutes Essen, ein guter Wein, die Liebe eines Menschen. Der Gleichgültige hat sich selbst aufgegeben. Er ist unfähig, Leben und Liebe in sich zu spüren.

Der Gleichgültige hat sich selbst aufgegeben. Er ist unfähig, Leben und Liebe in sich zu spüren.

Die Gleichgültigkeit breitet sich heute aus. Viele meinen, wenn sie »cool« sind, sich von nichts berühren lassen, dann sei das ein Zeichen von Stärke. Aber für mich ist es ein Zeichen von Gefühlsarmut. Eine Studentin erzählte mir, sie sei ein Jahr lang in Peru gewesen, um dort an einem Projekt für die Armen mitzuarbeiten. Als sie wieder nach Hause kam, freute sie sich, ihren Freunden und Freundinnen davon zu erzählen. Aber sie stieß auf völliges Desinteresse. Man sprach nur vom Wetter und von dem, was es in den Kaufhäusern momentan zu kaufen

gäbe. Diese Gleichgültigkeit ihrer Freunde tat ihr weh und
zeigte ihr, wo die wahre Armut des Menschen liegt: nicht in
der materiellen Armut, sondern in der Gefühlsarmut.

Glück – Einfach leben

»Alle Menschen wollen glücklich sein«: Diese Sehnsucht nach Glücklichsein hat schon Platon vierhundert Jahre vor Christus formuliert. Seither haben diesen Grundsatz zahlreiche Philosophen, Theologen und Dichter in Erinnerung gerufen. Wir müssen unterscheiden zwischen dem Glück als Zustand und dem Gefühl des Glücklichsein. Das Gefühl, glücklich zu sein, ähnelt dem Gefühl der Freude. Und doch ist Glück noch etwas anderes. Manche sagen: »Ich fühle mich rundum glücklich.« In dieser Formulierung verbergen sich viele Gefühle und Gestimmtheiten. Da ist jemand dankbar und zufrieden, weil sein Leben seine tiefsten Wünsche erfüllt hat. Oder ein anderer ist glücklich, weil er gerade eine tiefe Liebe erfährt. Er liebt eine Frau und wird von ihr geliebt. Wieder ein anderer erfährt Glück, wenn er ein wunderbares Naturschauspiel erlebt. Und auch wer eine grandiose Opernaufführung erlebt, fühlt sich glücklich, weil etwas ihn berührt, was größer ist als er selbst.

Entscheidend ist die Fähigkeit, das, was ich erlebe, jetzt in diesem Augenblick zu genießen.

Viele Menschen meinen, sie könnten Glücksgefühle erkaufen. Sie buchen ein Wellness-Wochenende und erhoffen sich davon, dass sie sich glücklich fühlen. Doch Glück kann man nicht kaufen. Auch noch soviel Geld zu verdienen, macht nicht glücklich. Glück – so sagen die Philosophen – heißt: mit sich selbst im Einklang sein, mit seinem Leben einverstanden sein. Es heißt, dass ich Freude empfinde über das, was ich Tag für Tag erlebe. Es braucht also eine innere Haltung, um

Glück empfinden zu können. Entscheidend ist die Fähigkeit, das, was ich erlebe, jetzt in diesem Augenblick zu genießen. Wer ständig dem Glück nachjagt, wird es verfehlen. Die krampfhafte Suche nach dem Glück geht ins Leere.

Jesus zeigt in den Seligpreisungen der Bergpredigt wichtige Bedingungen, damit der Mensch Glück empfinden kann. Da ist einmal die innere Freiheit dem Besitz gegenüber, das Nicht-Anhaften, wie die Buddhisten das nennen. Dann gehört die Barmherzigkeit sich selbst und anderen gegenüber dazu. Wer zu hart mich sich umgeht, der wird nie glücklich sein. Und es gehört auch das Streben nach den Tugenden dazu, vor allem nach der Gerechtigkeit. Nur wenn ich mir selbst und den Menschen um mich herum gerecht werde, werde ich Glück erfahren. Jesus verspricht uns in den acht Seligpreisungen keine heile Welt, sondern einen Weg zum Glück mitten in der Realität dieser Welt, auch im Ange- fochtensein und in der Ablehnung durch andere. Die Kunst besteht darin, glücklich zu sein, auch wenn ich von anderen be- schimpft werde. Es geht um ein inneres Glück, das mir niemand rauben kann. Für Jesus besteht dieses innere Glück darin, dass das Reich Gottes in uns ist. Dort wo Gott in uns herrscht, sind wir frei von der Macht der Men- schen. Dort sind wir auch in Berührung mit unserem wahren Selbst, mit dem ursprünglichen Bild, das Gott sich von uns gemacht hat. Und wenn wir in Berührung sind mit diesem unverfälschten Bild Gottes in uns, dann sind wir glücklich, dann sind wir im Einklang mit uns selbst. Dann setzen wir uns nicht unter Druck, Glück empfinden zu müssen. Wir sind einfach ganz wir selbst. Das reine Sein – so könnte man philosophisch sagen – bedeutet Glück. Reines Sein heißt: Ich muss mich nicht beweisen, ich muss keine Anerkennung erfah-

Ich muss mich nicht beweisen, ich muss keine Anerkennung erfahren. Wenn ich einfach bin, dann bin ich auch glücklich.

ren, ich muss auch nicht Glück erfahren. Wenn ich einfach bin, dann bin ich auch glücklich. Denn jedes Seiende, das ganz mit dem Sein in Einklang ist, ist glücklich. Theologisch gesprochen: Wenn ich mit dem, was Gott mir geschenkt hat, übereinstimme, dann erfahre ich Glück.

Hass – Eine zerstörerische Energie

*D*as Wort »Hass« hat einen abgrundtief bösen Klang. Darf man sich zu einem derart destruktiven Gefühl bekennen? Und was meint Jesus, wenn er sagt: »Wenn jemand zu mir kommt und nicht Vater und Mutter, Frau und Kinder, Brüder und Schwestern, ja sogar seine Seele hasst, dann kann er nicht mein Jünger sein.« (Lk 14,26) Kann denn Hass auch eine positive Seite haben?

Eine Frau erzählte mir, dass ihr Mann Alkoholiker sei. Er sei unberechenbar, man könne nicht mit ihm reden und er lasse sich auch nichts sagen. Und dann gab sie zu: »Manchmal spüre ich richtige Hassgefühle ihm gegenüber.« Aber sofort beschuldigte sie sich selbst. »Als Christ darf ich doch keinen Hass haben. Also bin ich eine schlechte Christin.« Die frühen Mönche sehen das anders. Dass Hass in mir auftaucht, dagegen bin ich machtlos. Aber wie ich mit dem Hass umgehe, das liegt in meiner Verantwortung. Wenn ich den Hass verleugne und unterdrücke, wird er trotzdem in mir sein Unwesen treiben. Er wird mich körperlich krank machen oder sich unbewusst in meinem Verhalten ausdrücken. Wenn ich aber den Hass auslebe, schade ich dem anderen und letztlich auch mir selbst. Wer hasst, der ist hässlich. Sein Aussehen verliert alles Anziehende. Was hässlich ist, stößt ab. Hass hat eine Fratze. Durch meinen Hass mache ich andere Menschen hässlich. Ich nehme ihnen ihre Würde.

Manchmal schlägt Liebe in Hass um. Wir haben einen Menschen sehr geliebt. Doch er hat uns enttäuscht, er hat unsere Liebe verraten. Und so schlägt unsere intensive Liebe in das gegenteilige Gefühl, in heftigen, leidenschaftlichen Hass um. Es gibt genügend Beispiele für solche Umschläge des Gefühls, das dann destruktiv wird. Wir brauchen nur die Zeitung aufzuschlagen. Immer wieder einmal wird von Fällen berichtet, wo ein Mann seine ehemalige Frau und ihren neuen Freund aus Hass ermordet hat. Der Hass macht blind. Er verführt den Menschen zu sinnlosen Taten, die Zerstörung und Vernichtung zur Folge haben. Wir sprechen von rasendem Hass, der uns den Verstand rauben, zum Wahnsinn treiben kann. Hass kann vernichtend und tödlich sein. Kain hasst seinen Bruder Abel und erschlägt ihn. Der Hass zerstört den Menschen, sowohl den Hassenden als auch den Gehassten. Wer vom Hass beherrscht wird, verliert nicht nur die Kontrolle über sich, er wird auch selber zu einem hässlichen und hassenswerten Menschen. Er verbreitet um sich herum Hass und zerstört so die menschliche Gemeinschaft.

Dass Hass in mir auftaucht, dagegen bin ich machtlos. Aber wie ich mit dem Hass umgehe, das liegt in meiner Verantwortung.

Hass verbreitet Gewalt und sät Terror. Als 1977 der polnische Philosoph Kolakowski in Frankfurt im Rahmen der Buchmesse den Friedenspreis bekam, beherrschte die Menschen die Angst vor den Anschlägen der Terroristen, die Menschen ermordet und entführt hatten.

Hass sei ein besonderes Übel, sagte der Friedenspreisträger, er könne nicht durch institutionelle Maßnahmen verdrängt werden. In diesem Fall meinte er »trägt ein jeder von uns, indem er dieses Übel in sich begrenzt, dazu bei, es in der Gesellschaft zu begrenzen und vollbringt so in sich eine unsichere und brüchige Vorwegnahme eines erträglicheren Lebens auf unserem Narrenschiff.«

Doch wie sollen wir mit dieser destruktiven Macht des Hasses umgehen, ohne von ihm beherrscht zu werden? Hass ist die höchste Form von Aggression. So muss der Hass in eine gesunde Aggression umgewandelt werden. Der Frau, die sich wegen ihres Hasses auf ihren Mann anklagte, sagte ich: Leben Sie den Hass nicht aus. Sonst machen Sie sich und ihren Mann unglücklich. Aber verbieten Sie sich ihn auch nicht. Dass Sie Hass in sich spüren, hat ja einen Grund und einen Sinn. Der Hass will Ihnen Mut machen, sich abzugrenzen von Ihrem Mann. Er sagt Ihnen: Ich habe auch ein Recht zu leben. Ich schütze mich vor der Willkür meines Mannes. Wenn man so mit seiner Emotion umgeht, verwandelt sich der Hass in Selbstvertrauen, in Klarheit und Freiheit.

Jesus spricht öfter vom Hass. Da ist einmal die Erfahrung, dass die Jünger von der Welt um Jesu willen gehasst werden (Mt 10,22). Die Welt kann die Jünger nicht ertragen, weil sie ihr einen Spiegel für ihre wahre Wirklichkeit vorhält. Und Jesus fordert uns auf: »Liebt eure Feinde; tut denen Gutes, die euch hassen. Segnet die, die euch verfluchen, betet für die, die euch misshandeln.« (Lk 6,27f) Den, der mich hasst, zu lieben, scheint eine Überforderung zu sein. Doch wenn der Feind mich hasst, dann bedeutet das immer, dass er etwas in sich selbst hasst, das er dann auf mich projiziert. Den Feind lieben heißt nicht, dass ich passiv den Kopf einziehe und alles mit mir machen lasse. Lieben ist vielmehr etwas Aktives: Ich durchschaue den Hass und die Feindschaft des anderen. Ich sehe im anderen den bemitleidenswerten Menschen, der sich selbst hasst, der mit sich selbst nicht im Frieden ist.

Lieben bedeutet, an den guten Kern des anderen glauben. Und diese Liebe drückt sich dann in gutem Handeln aus. Indem ich den anderen gut behandle, gebe ich ihm die Möglichkeit, an das Gute in sich zu glauben. Und ich spreche gut zu ihm. Ich segne ihn und bete für ihn. Der Segen schützt mich selbst vor dem anderen. Im Segen steige ich aus der Opferrolle aus. Ich bin nicht Opfer des Feindes, der mich hasst. Ich schicke ihm aktiv eine gute Energie zu, im Vertrauen, dass sie ihn verwandelt. Jesus traut uns also zu, uns gegenüber dem Hass des anderen zu schützen und den Hass durch Liebe, durch gutes Handeln, durch gute Worte und durch Gebet zu verwandeln.

Jesus spricht aber noch in einem anderen Zusammenhang vom Hass: »Wenn jemand zu mir kommt und nicht Vater und Mutter, Frau und Kinder, Brüder und Schwestern, ja sogar seine Seele hasst, dann kann er nicht mein Jünger sein.« (Lk 14,26) Die meisten übersetzen das griechische Wort »misein« mit »gering achten«. Aber es heißt eigentlich: hassen. Matthäus hat das abgemildert und geschrieben: »philein hyper – mehr lieben als«. Hassen heißt psychologisch: sich innerlich von den Eltern und Geschwistern distanzieren, um meinen eigenen Weg zu gehen. Der Hass bedeutet hier keine Rechtfertigung von Familienstreitigkeiten, sondern die innere Befreiung von der allzu engen Bindung an die Familie, den Mut, sein eigenes Leben zu leben, so wie Gott es mir zugedacht hat. Die Seele hassen meint hier auch nicht: Selbsthass. Denn Selbsthass zerstört. Er kann bis zum Suizid führen. Hier ist vielmehr gemeint: eine innere Distanz zu sich selbst gewinnen, zu den eigenen Bedürfnissen und Emotionen. Für mich ist dieses Jesuswort die Einladung, mich von allen meinen Gefühlen und Gedanken, von meinen Leidenschaften und gerade eben von meinem Hass zu distanzieren und durch die Gefühle hindurch in den inneren Raum zu gelangen, der frei ist von Hass und Feindschaft, der erfüllt ist von Jesus Christus und seiner Barmherzigkeit und Liebe.

Hier hat der Hass eine positive Bedeutung: er ist die Kunst, sich zu distanzieren, sich von niemandem beherrschen zu lassen, sondern dem Reich Gottes in sich Raum geben. Wenn Gott in mir herrscht, dann bin ich wahrhaft frei.

Die Kunst des spirituellen Weges besteht also darin, den Hass nicht auszuleben und nicht zu unterdrücken, sondern ihn zu verwandeln in Selbstvertrauen und Freiheit, und ihn zu verwandeln durch Liebe, Segnen und Beten. Ich soll die Kraft des Hasses nutzen, um mich von allem zu distanzieren, was mich bestimmen möchte. In diesem Sinn sieht Jesus die positive Kraft dieser Leidenschaft, die mich öffnet für das Reich Gottes, das schon in mir ist (Lk 17,21).

Heiterkeit – Fröhlich und leicht

Die Heiterkeit war für die frühen Mönche ein Zeichen echter Spiritualität. Das Ziel des geistlichen Weges war die »hilaritas«. Hilaritas meint die Heiterkeit und die unbekümmerte Fröhlichkeit. Auch für Buddhisten ist gelöste, über den Dingen stehende Heiterkeit übrigens ein spirituelles Ziel, ja sogar ein Zeichen von Erleuchtung. Das deutsche Wort »heiter« meint ursprünglich: scheinend, leuchtend, hell, klar und wolkenlos. Die Beschreibung dieses Gefühls entstammt also der Himmelsbeobachtung. Wenn der Himmel wolkenlos ist, wenn das Wetter heiter ist, dann scheint nicht nur die äußere Sonne, es hat auch Auswirkungen auf unser Gemüt. Wir antworten auf ein heiteres Wetter mit einer heiteren Stimmung. Wir fühlen uns dann so aufgeräumt, aufgelockert und hell wie der heitere und wolkenlose Himmel. Wir empfinden in uns eine innere Fröhlichkeit und Leichtigkeit.

Von einem heiteren Menschen gehen Hoffnung und Zuversicht aus.

Wer diese innere Heiterkeit erlangt hat, dem verdunkelt keine Wolke den strahlenden Himmel seiner Seele. Es sind höchstens kleine helle Wolken, die der heitere Himmel zulässt. Wir übergehen in der Heiterkeit nicht das Leid eines Menschen. Aber wenn wir mit einem heiteren Gemüt dem zuhören, den großes Leid getroffen hat, dann bringt das helle Strahlen unserer Seele auch Licht in die Dunkelheit des Leidenden. Wir lassen die dunklen Wolken des Leids an den Himmel unserer Seele gelangen. Aber die innere Heiterkeit verwandelt die dunklen Wolken in helle Wolken.

Mit Heiterkeit verbinden wir nicht das laute Lachen, sondern eine stille Fröhlichkeit, die für alle angenehm ist. Neben einem heiteren Menschen fühlt man sich wohl. Von ihm geht etwas wie Hoffnung und Zuversicht, wie Leichtigkeit und Fröhlichkeit aus. Es wird uns selber leichter ums Herz, wenn wir uns mit einem Menschen unterhalten, der dies ausstrahlt.

Wenn wir die Heiterkeit des Gemütes mit einem metereologischen Vergleich beschrieben haben, mit unseren Wetterbeobachtungen und dem Bewölkungsgrad am Himmel, dann ist das sofort einleuchtend. Auch die frühen Mönche haben bei der Beschreibung von Seelenzuständen an den Himmel gedacht, allerdings nicht an den irdischen Himmel. Sie glauben, dass der Mensch dann heiter wird, wenn er den göttlichen Himmel über sich strahlen lässt. Nach einem Wort des schlesischen Mystikers und Dichters Angelus Silesius ist der Himmel in uns. Wenn in uns der Himmel ist, dann wird unser Gemüt klar und heiter.

Es wird uns selber leichter ums Herz, wenn wir in der Nähe von Menschen sind, die Heiterkeit ausstrahlen.

Dann zieht uns die Erdenschwere nicht nach unten, dann verdunkeln die Wolken des Leids unsere Seele nicht. Denn in unserer Seele strahlt das heitere Licht Gottes. Dieses heitere Licht Gottes preist ein Hymnus, den wir Mönche in der Vesper singen: »Heiteres Licht vom herrlichen Glanze deines unsterblichen, heiligen, sel'gen himmlischen Vaters: Jesus Christus. Dich verherrlichen alle Geschöpfe.« Jesus Christus selbst wird hier das heitere Licht genannt. Wenn er in uns leuchtet, dann wird alles in uns heiter. Dieses heitere Licht Jesu Christi können keine noch so dunklen Wolken aus uns vertreiben. Denn dieses Licht hat die Dunkelheit des Todes überwunden.

Hoffnung – Atem der Seele

Die Hoffnung ist die Emotion, die lebensnotwendig für den Menschen ist. Das deutsche Sprichwort sagt: »Die Hoffnung stirbt zuletzt.« Das bedeutet aber auch: Ohne Hoffnung ist nur Tod und Erstarrung. Das deutsche Wort »hoffen« kommt von hüpfen. Es bedeutet im ursprünglichen Wortsinn also: vor Aufregung hin und her springen, in Erwartung von etwas Schönem. Die deutsche Sprache verbindet Hoffnung mit Lebendigkeit und mit der Hoffnung auf etwas, das uns gut tut und unser Leben besser werden lässt. Die Lateiner verbinden Hoffnung mit dem Atem. Sie sagen: »Dum spiro spero = Solange ich atme, hoffe ich.« Der Atem macht mich lebendig. Der Atem lässt immer wieder neue Kraft, Lebendigkeit und Hoffnung in den Leib einströmen. Man könnte auch sagen: Die Hoffnung ist genauso wichtig wie die Luft zum Atmen. Ohne Hoffnung können wir nicht leben. Die Hoffnung ist der Atem der Seele.

Die Hoffnung glaubt, dass das Leben trotz aller Schwierigkeiten zu meistern ist und gestaltet werden kann.

Hoffnung ist etwas anderes als Erwartung. Die Erwartung kann enttäuscht werden. Aber Hoffen – so sagt der französische Philosoph Gabriel Marcel – heißt immer: ich hoffe auf dich und für dich. Hoffnung ist immer etwas Personales. Ich gebe einen Menschen nicht auf. Ich hoffe auf das, was ich noch nicht sehe. Ich traue ihm zu, dass das Gute in ihm sich entfaltet. Aber die Hoffnung zielt auch auf mich selbst. Sie ist immer die Hoffnung, dass es besser wird, dass es für mich eine gute Zukunft gibt. Diese Hoffnung ist die Bedingung, dass ich mich selbst nicht aufgebe, sondern kämpfe, auch wenn es mir gerade nicht gut geht. Otto Bollnow spricht von der absoluten Hoffnung, die nicht mehr ein Hoffen, dass … ist, sondern nichts Konkretes vor Augen hat. Aber trotz aller scheinbaren Aussichtslosigkeit empfinden manche Menschen diese absolute Hoffnung, die immer auch bildlos ist. Verena Kast beschreibt sie so: Diese absolute und bildlose Hoffnung » hat dann nichts mehr zu tun mit einer bestimmten Vorstellung von der Zukunft, sondern nur noch mit dem Gefühl, dass das Leben trotz allem weitergeht und dass man nicht aus dem Leben herausfällt. Diese Hoffnung erschließt uns eine neue Geborgenheit.« (Kast, Freude 180)

Der italienische Dichter Dante Alighieri (1265–1321) schreibt über das Tor zur Hölle: »Lass alle Hoffnung fahren!« Die Hoffnung ist die Emotion, die nicht nur für den einzelnen Ausdruck seines Lebenswillens und seiner Lebendigkeit ist, sondern die uns auch mit anderen verbindet. Ohne Hoffnung werden wir isoliert, so wie die Dichter sich das von der Hölle vorgestellt haben. Hoffnung ist immer auch auf die anderen bezogen. Sie ist immer »Hoffnung für«, und zwar nie nur für mich, sondern auch für die Menschen um mich herum. Sie ist also die Bedingung für eine lebendige Gemeinschaft. Ohne Hoffnung kann man nicht Vater oder Mutter sein, und ohne Hoffnung kann man keine Firma führen oder als Politiker tätig sein. Die Hoffnung bezieht sich immer auf eine bessere Zukunft für uns selbst. Der Philosoph Ernst Bloch spricht von der Hoffnung auf noch ungeborene Möglichkeiten. So verstanden ist Hoffnung die Entdeckung des Noch-nicht-Bewussten. Sie bringt eine Gemeinschaft nach vorne. Sie gibt sich nicht zufrieden mit dem Gewohnten, sie glaubt, dass das Leben trotz aller Schwierigkeiten zu meistern ist und gestaltet werden kann. Und sie wird so zur Kraft, die jede Gemeinschaft lebendig hält und ihr eine bessere Zukunft ermöglicht.

Hoffnung wird zur Kraft, die jede Gemeinschaft lebendig hält.

Kränkung – Innerer Aufruhr

In Gesprächen höre ich oft: »Ich fühle mich gekränkt.« Kränken bedeutet: Leid zufügen, beleidigen, verletzen, schwächen, schädigen. Das Gefühl der Kränkung ist die Reaktion auf verletzende Worte, auf beleidigende Gesten, auf schädigendes Verhalten. Wenn ich mich gekränkt fühle, dann fühlt sich das an wie eine Krankheit. Ich fühle mich schlapp, angegriffen und geschwächt. Ich habe keine Kraft mehr in mir, keinen Mut mehr zum Leben. Alle Lust, etwas anzupacken, schwindet. Ich fühle mich gelähmt. Und mein Gefühl ist: innerer Aufruhr.

Das Gefühl der Kränkung lädt mich ein, genauer hinzuschauen: Hat der andere mich wirklich gekränkt? Wollte er mich bewusst verletzen? Oder haben seine Worte mich dort getroffen, wo ich selber krank bin? Haben seine Worte nur die Krankheit aufgedeckt, die in mir ist? Ich fühle mich oft dort gekränkt, wo der andere etwas anspricht, was ich bei mir selber nicht annehmen kann. Der andere will mich nicht verletzen. Aber trotzdem kränkt es mich. Oft ist es das verletzte und beleidigte Kind, das in mir aufschreit, wenn der andere das oder jenes anspricht. Ich projiziere in seine Worte meine eigenen Erfahrungen mit meinen Eltern hinein. Vielleicht höre ich im Ton des anderen den Ton meines Vaters heraus oder den Ton meiner Mutter. Dann fühle ich mich gekränkt, obwohl der andere es gar nicht wollte.

Ich bin eingeladen, genauer hinzuschauen: Hat der andere mich wirklich bewusst verletzt?

Es ist gut, wenn ich das Gefühl meiner Kränkung dem anderen sage. Aber ich darf es nicht als Vorwurf aussprechen: Du hast mich gekränkt. Vielmehr ist es eine Ich-Botschaft. Ich informiere den anderen, dass ich mich gekränkt fühle. Dann hat der andere die Freiheit, darauf zu reagieren. Er muss sich nicht verteidigen. Er kann in aller Freiheit bei sich nachspüren, ob da nicht doch eine verletzende Tendenz in seinen Worten war. Vielleicht aber erkennt er auch, dass seine gut gemeinten Worte im anderen etwas ausgelöst haben, was er so nicht wollte. Dann ist es wichtig, sich keine Schuldgefühle zu machen, sondern dem anderen zuzugestehen, dass er sich gekränkt fühlt. Seine Information macht mich sensibel für das, was ihn kränken könnte und wo der andere noch nicht im Einklang ist mit sich selbst. Ich kann dann reagieren, indem ich mich entschuldige: »So war es nicht gemeint.« Oder aber indem ich den anderen in seinen Gekränktsein verstehe, ohne mich selbst dafür schuldig zu fühlen. Ich verstehe ihn dann besser und werde in Zukunft sensibler mit ihm umgehen. Der Gekränkte hat die Aufgabe, sein Gefühl des Gekränktseins ernst zu nehmen, aber auch nach den tieferen Ursachen zu forschen. Und er steht vor der Aufgabe, sich selber gerade dort anzunehmen, wo er sich gekränkt fühlt.

Haben die Worte des anderen mich dort getroffen, wo ich selber krank bin? Haben seine Worte nur die Krankheit aufgedeckt, die in mir ist?

Kummer – Innere Last

Das Gefühl des Kummers verbinden wir mit Sorgen und trüben Gedanken, mit anhaltendem seelischen Schmerz. Ursprünglich bedeutet Kummer: Schutt, Müll. Der Schutt, der sich auf unsere Seele legt, der innere Müll, der sich in uns ansammelt, wird dann aber zum Bild für Belastung und Mühsal, für Not und Gram. Manchen Eltern bereiten ihre Kinder Kummer. Sie sorgen sich um sie und haben Angst, dass sie sich nicht gut entwickeln, dass sie falsche Wege gehen. Wir sprechen vom Kummerkasten, in den wir unsere Sorgen hinein legen, in der Hoffnung, dass Gott unsere Sorgen hört und sich um sie kümmert.

Wer dem Leben als Herausforderung begegnet und es trotz aller Kümmernisse annimmt, der hat einen aussichtsreichen Weg gefunden, auch mit Schwierigkeiten gut umzugehen.

Eine große Kantate von Johann Sebastian Bach bringt den Kummer als menschliche Urerfahrung in eine aufwühlende und düstere musikalische Form, deren Düsternis sich erst allmählich, in einem zweiten Teil im Vertrauen auf die Gnade auflöst: »Ich hatte viel Bekümmernis …«

Immer wenn wir vom Kummer sprechen, klingt das Bild des Schutts und Mülls in uns nach. Das Gefühl des Kummers verbinden wir mit einer inneren Last, die sich auf uns gelegt hat. Der Kummer ist wie ein Müllhaufen, der sich in uns breit gemacht hat. Der Müll lässt uns nicht mehr frei atmen. Er bedrückt uns. Müll ist das Zermahlene und Zerbröckelte. Er legt sich oft wie Staub auf unsere Seele, macht alles in uns grau und schmutzig. Er beschmutzt unsere Gefühle. Wir fühlen uns innerlich beschmutzt vom Abfall, den entweder andere in unserer Seele deponiert haben, oder der von uns selber stammt, weil wir ihn nicht weggeräumt haben. Wir waren unaufmerksam und haben immer mehr Abfall ansammeln lassen.

Kummer kann sich auf viele menschliche Lebenssituationen beziehen. In Gesprächen höre ich immer wieder vom Liebeskummer. Menschen erzählen, dass die Liebe kein Glück mehr vermittelt. Es läuft nicht mehr so rund mit dem Freund oder der Freundin, mit dem Partner oder der Partnerin. Das Gespräch stockt. Die Interessen sind verschieden. Der andere kann sich nicht durchringen, sich für die Liebe zu mir zu entscheiden und hält mich hin. Ich liebe ihn, aber er erwidert diese Liebe nicht. Beim Liebeskummer haben wir weniger das Bild einer Last als vielmehr das Bild von quälenden Sorgen, von Schmerzen, die uns die nicht erwiderte Liebe bereitet. Wer Kummer hat, ist bekümmert, macht einen traurigen und betrübten Eindruck. Man liest es ihm am Gesicht ab, dass seine Gedanken schmerzlich um das Thema Liebe kreisen und dass er nicht davon loskommt. Er verkümmert, er verliert seine Kraft. Er geht gleichsam ein wie eine Blume.

Wer sich vom Kummer auffressen lässt, der setzt Kummerspeck an. Er muss immer mehr essen, um sich gegen den Kummer zu wappnen. Doch den Preis zahlt dafür sein Körper, der immer dicker wird. Wer dagegen dem Leben als Herausforderung begegnet und es trotz aller Schwierigkeiten und Kümmernisse annimmt, der hat einen aussichtreichen Weg gefunden, auch mit Schwierigkeiten umzugehen. Manchmal sagt jemand: Ich bin an Kummer gewöhnt. Er übernimmt eine unangenehme Aufgabe, weil er es gewohnt ist, Schwierigkeiten in seiner Arbeit zu erleben und Probleme bewältigen zu müssen. Aber wer so mit dem Kummer umgeht, der macht kein kummervolles

Gesicht. Er geht dem Kummer nicht aus dem Weg. Er räumt den Schutt weg, der sich ihm in der Arbeit in den Weg legt. Er geht unbekümmert an die Probleme heran und kann so manchen Kummer verhindern – für sich und für andere.

Langeweile – Einladung zum Aufwachen

Nicht nur Schüler im Unterricht machen diese Erfahrung: die Gedanken schweifen einfach ab, weil ihre Aufmerksamkeit vom Stoff, den der Lehrer vorträgt, nicht gefesselt wird. Wir empfinden einen Film oder ein Theaterstück oft als langweilig, wenn uns nicht anspricht, was da gezeigt wird. Ein Buch kann uns langweilen oder das Zusammensein mit jemand, der »uns nichts sagt«. Wir finden ein Gespräch oder einen Vortrag, die uns nicht inspirieren, langweilig. Am Sonntagnachmittag langweilen wir uns, weil nichts passiert.

Die Langeweile ist immer Ausdruck der Seele. Ihr ist es langweilig, weil sie unfähig ist, die Ruhe, die Pause zu genießen.

Das Wort »Langeweile« ist zusammengesetzt aus Lange und Weile, das eigentlich »Ruhe, Rast, Pause« bedeutet. Das ist also zunächst ein positiver Begriff. Aber wenn die Ruhe zu lange dauert, wird sie langweilig. Wir empfinden sie öde und negativ, weil scheinbar »nichts los« ist. Als »Windstille der Seele« hat Nietzsche diesen Zustand auch einmal bezeichnet. Doch die Langeweile in diesem negativen Sinn hat weniger mit der langen Zeit zu tun, sondern mit einer Unfähigkeit, ganz bewusst in der Zeit zu *sein*. Wenn ich ganz im Augenblick *bin*, ist er nicht langweilig. Aber wenn ich mit mir selbst nichts anzufangen weiß, wird mir langweilig, auch wenn ich nur für einige Minuten alleine bin oder mal zwischen der Arbeit nichts los ist. Die Langeweile ist also immer Ausdruck der Seele. Der Seele ist es langweilig, weil sie unfähig ist, die Weile, die Ruhe, die Pause zu genießen. Sie steht unter Druck, immer etwas leisten zu müssen. Sie empfindet

Leere, weil die Zeit frei ist von Ansprüchen, Terminen, Aufgaben, die uns sonst auf Trab halten.

Die Frage ist, wie ich mit der Langeweile umgehe. Die frühen Mönche haben die Langeweile unter dem Begriff der Akedia beschrieben. Sie verstehen darunter die Unfähigkeit, im Augenblick zu sein. Wenn ich nicht fähig bin, ganz bei dem zu sein, was ich gerade tue, entweder bei der Arbeit, oder beim Gebet oder bei der Muße, dann wird mir alles langweilig. Die Arbeit wird langweilig, das Gebet und auch das Nichtstun. Ich kann das Nichtstun nicht genießen. Die Mönche raten dann, die Langeweile auszuhalten und in sie hinein zu horchen. Wenn ich in meine Langeweile hineinhorche, dann werde ich auf dem Grund dieser Emotion übertriebene Wünsche an das Leben entdecken. Weil ich nicht der beste bin, weil nicht alles wunderbar ist, deshalb finde ich es langweilig. Oft weiß ich gar nicht, was ich wünsche. Es sind oft infantile Wünsche an ein Schlaraffenland. Aber für den Langweiligen ist selbst das Schlaraffenland langweilig. Denn auch das Konsumieren dessen, was mir in den Schoß fällt, kann langweilig werden. Die Langeweile ist also eine Einladung, aufzuwachen und dankbar das wahrzunehmen, was ist. Wenn ich in Berührung bin mit mir selbst und mit den

Wir müssen nicht immer etwas leisten. Wenn ich ganz im Augenblick bin, ist er nicht langweilig.

Dingen, dann ist nichts langweilig. Doch wenn ich keine Beziehung zu mir selbst habe, werde ich auch nicht in Beziehung kommen zu den Dingen, zum Augenblick, zu den Menschen. Und dann wird alles langweilig. Denn dann berührt mich nichts mehr. Und wenn mich nichts mehr berührt, fühle ich nichts als Langeweile.

Das Gefühl der Leere –
Hinführung zum Eigentlichen

Ganz unterschiedliche Erfahrungen und Wertungen, auch gegensätzliche emotionale Qualitäten verbinden sich mit der inneren Erfahrung der Leere. Das Erschrecken vor dem gähnenden Abgrund des Nichts oder das Gefühl der Langeweile. Aber auch die Erfahrung der gelassenen Offenheit für das Geheimnis. Es kann als Ziel eines spirituellen Wegs verstanden werden, aber auch in verschiedenen Kulturen unterschiedliche Bedeutung haben.

Im Buddhismus besteht das Ziel des spirituellen Weges darin, zur inneren Leere zu gelangen. Leere ist hier positiv besetzt. Leere bedeutet, dass ich frei bin von meinen eigenen Absichten, dass ich frei bin von Bildern über mich selber und über Gott. Diese Leere ist die Bedingung, sich ganz und gar in Gott hinein loszulassen. Auch Meister Eckehart, der christliche Dichter und Mystiker, kann von dieser Leere sprechen als dem Ort, an dem Gott in uns Gott sein kann. Es ist der Raum, in dem wir Gott nicht zu unserem Glück benutzen, sondern einfach Gott Gott sein lassen. Und es ist der Ort, an dem wir leer werden von uns selbst, an dem wir frei werden vom Ego, das auch Gott noch für sich haben möchte. In der Leere haben wir nichts in der Hand. Indem wir auch von Gott leer werden, werden wir offen für den Gott, der sich uns aus Gnade schenkt.

Wenn wir aber in unserer alltäglichen Sprache vom Gefühl der Leere sprechen, meinen wir etwas anderes. Es ist das Gefühl, dass alles leer ist, dass unser Herz leer ist, dass wir gar nichts fühlen können. Wir können uns weder freuen, noch Leid empfinden. Alle unsere Gefühle scheinen wie abgestorben zu sein. Wir sehen keinen Sinn in unserem Leben. Wir können uns für nichts begeistern. Alles schmeckt fad und langweilig. Wir funktionieren nur noch, aber hinter aller Aktivität gähnt eine Leere, die uns Angst macht und dazu antreibt, sie mit immer noch mehr Aktivitäten zu verdecken. Wenn wir in der Stille in unser Herz hinein schauen, dann starren wir in einen leeren Raum. Und diese Leere erschreckt uns. Wir flüchten am liebsten vor dieser Leere. Sie ist nur schlecht auszuhalten.

Auch wenn wir uns in Aktivität flüchten um der Aktivität willen hinterlässt dies eine innere Leere. Viele erleben diese Leere auch im Gebet. Alles, was sie bisher getragen hat, ist leer. Wenn sie meditieren, spüren sie nichts mehr. Ein Mann erzählte mir, all die guten Erfahrungen, die er bei Kursen gemacht hat, das Gefühl von Getragensein bei der Meditation, die Freude am Gottesdienst, all das ist verschwunden. Er fühle sich nur noch leer vor Gott. Und er leide an dieser Leere.

Im Gespräch mit einer buddhistischen Zenmeisterin über christliche und buddhistische Spiritualität diskutierte ich mit der Zenmeisterin darüber, welche Erfahrung wir in der christlichen und buddhistischen Meditation machen. Ich erklärte ihr, dass ich mit dem Jesusgebet meditiere. Das *Manches wird mir leer vorkommen, wenn ich durch meine Leere zur Wahrheit meines Lebens gelange.* Wort führt mich – wie die alten Mönche sagen – in das wortlose Geheimnis Gottes. Aber dieser Raum der Stille ist für mich ein Raum der Liebe. Da meinte sie: »Liebe ist mir zu anstrengend.« Ich fragte sie, was sie erfahre. Sie meinte: Leere. Ich antwortete ihr: »Leere ist mir zu kalt.« Wir kamen uns dann im Gespräch durchaus näher. Sie hatte Liebe mit einem Gefühl verwechselt. Wenn ich in der Meditation immer große Gefühle haben muss, ist es zu anstrengend. Liebe ist für mich aber eine Qualität des Seins, eine Quelle von Liebe, die auf dem Grund meiner Seele strömt. Wenn ich in diesen Raum der Liebe eintauche, fühle ich mich geborgen, getragen, daheim und geliebt.

Wie können wir diese beiden Erfahrungen von Leere miteinander verbinden? Wenn ich mich innerlich leer fühle, würde ich nicht dagegen kämpfen. Ich lasse die Leere zu. Sie zeigt mir, dass mich momentan nichts erfüllt, weder die Arbeit, noch die Beziehungen zu lieben Menschen, die mir sonst wichtig sind. Sie füllen diese innere Leere nicht aus. Auch die Anerkennung oder die Zuwendung von Menschen hebt diese Leere nicht auf. Wenn ich bete, fühle ich Leere. Ich lasse dieses Gefühl der Leere zu. Ich sage: Nichts befriedigt mich. Ich habe momentan nichts, was diese Leere erfüllen könnte: weder Liebe, noch Musik, noch Erfolg oder Besitz, ja nicht einmal das Gebet und der Gottesdienst. Es ist alles in mir leer. Ich fühle gar nichts.

Die Erfahrung der Leere hilft mir, den Geschmack am wirklichen Leben zu entdecken.

Wenn ich dieses Gefühl zulasse, dann kann die Leere, die so belastend erscheint, auf einmal sich wandeln in eine Leere, die mich öffnet für das Geheimnis Gottes. Ich habe in der Leere nichts in der Hand. So kann ich mich in der Leere öffnen dem unbegreiflichen Gott. Die Leere zeigt mir, dass nichts Irdisches dieses innere Loch zu erfüllen vermag. Das vermag nur Gott. Aber es ist nicht der Gott, den ich besitze. Gott füllt meine Leere nicht mit guten Gefühlen aus. Ich befreie mich in der Leere vielmehr von allen Bildern von mir selbst und von Gott und überlasse mich dem Gott jenseits der Leere, dem Gott, über den ich nichts mehr sagen, über den ich nur schweigen kann. So kann die Leere, die ich kaum aushalte, zu einer Leere werden, die mich in tiefere Dimensionen des Seins hineinführt, die mich zum Eigentlichen führt, zu meinem Wesen jenseits aller Bilder und zu dem Gott, der alle Bilder übersteigt.

Viele Menschen gehen jedoch anders mit ihrer Leere um. Sie überspielen die Leere mit großer Aktivität. Es muss immer etwas los sein, ich muss immer beschäftigt sein, damit ich die innere Leere nicht spüre. Doch diese Flucht vor der eigenen Leere führt irgendwann zur Überforderung. Man muss ständig etwas tun, mit immer neuen Aktivitäten die innere Leere zustopfen. Das hat schon Blaise Pascal deutlich gesehen: »Nichts ist dem Menschen unerträglicher, als ohne Leidenschaften, ohne Geschäfte, ... ohne Aufgabe zu sein. Dann spürt er seine ganze Nichtigkeit, seine Verlassenheit, sein Ungenügen, seine Abhängigkeit, seine Unmacht, seine Leere. Allsogleich wird dem Grund seiner Seele die Langeweile entsteigen und die Düsternis, die Trauer, der Kummer, der Verdruss, die Verzweiflung.«

Doch die Leere lässt sich nicht zustopfen. Wenn ich dann allein im Bett liege, taucht sie wieder auf. Oder wenn ich einmal allein im Zug fahre, steigt sie in mir hoch. Auch das Gefühl von Leere hat einen Sinn. Ich soll mich mit meiner Leere anfreunden und sie befragen, was sie mir sagen möchte. Sie wird mich dann auf das Eigentliche meines Lebens hinführen. Manches wird mir leer vorkommen, wenn ich durch meine Leere zur Wahrheit meines Lebens gelange. Die Leere lehrt mich, den Geschmack am wirklichen Leben zu entdecken und achtsam zu leben. Und die Leere führt mich zum unbegreiflichen Geheimnis Gottes, der sich nicht von mir besitzen lässt, sondern in mir herrschen möchte.

Liebe – Kraft der Verzauberung

Liebe ist eine der stärksten Emotionen. Aber sie ist zugleich eine Tugend, eine Befähigung, sich selbst und den anderen zu lieben. Als Emotion kann uns die Liebe verzaubern. Die Märchen haben das immer wieder beschrieben. Da wird ein Liebender verwandelt. Er wird schön, anziehend und verzaubert die, die ihn anschaut. Jeder weiß, was Liebe ist und wie sie sich anfühlt. Aber wie sollen wir die Liebe angemessen als Emotion beschreiben?

Die Liebe erfüllt uns und sie enttäuscht uns, sie verzaubert uns und verletzt uns.

Die Griechen haben drei Worte für Liebe. Und jeder dieser Begriffe führt uns zu einer anderen emotionalen Erfahrung. Da ist zunächst einmal Eros, die begehrliche Liebe. Eros wird als junger Mann dargestellt, der seine Liebespfeile aussendet. Wer davon getroffen wird, der entflammt in heftiger Liebe. Er kann sich gegen dieses starke Gefühl nicht wehren. Liebe überkommt uns. Wir sprechen davon, dass wir in die Liebe fallen oder dass die Liebe uns überfällt und wollen damit ausdrücken: Wir sind ihr machtlos ausgeliefert. Wir *müssen* diesen Menschen einfach lieben. Etwas in ihm oder in ihr zieht uns so heftig an, dass wir ständig an ihn oder an sie denken müssen. Unser Denken und Fühlen ist total besetzt von dieser Zuneigung, die alles umfasst. Diese Liebe bezaubert und verzaubert uns. Sie kann uns, auch das ist eine sprichwörtlich gewordene Erfahrung, aber auch blind machen. Wir folgen dem Geliebten und sind blind für seine Schattenseiten. Liebe kann ins Glück führen, aber auch ins Unglück, wenn wir ihr blindlings folgen.

Das zweite Wort, »philia«, meint die Freundesliebe. Die Freundesliebe hat eine andere emotionale Qualität. Sie freut sich am Freund und geht mit ihm. Sie ist geprägt durch Vertrauen, aber auch durch Wärme und Offenheit. Ich unterhalte mich gerne mit dem Freund. Ich gehe mit ihm spazieren. Ich genieße seine Nähe. Ich kann mich ihm gegenüber öffnen. Ich fühle mich bedingungslos angenommen. Und ich nehme meinerseits auch den Freund bedingungslos an. Freundesliebe ist weniger eine heftige als eine ruhige Emotion, aber auch ein tiefes Gefühl, das mich mein Leben lang begleitet und mich antreibt, die Nähe des Freundes immer wieder zu suchen.

Das dritte Wort »agape« wird von den Theologen als die göttliche Liebe beschrieben. Viele Theologen erwecken den Eindruck, dass diese göttliche Liebe ohne große Emotionen sei. Doch schon Thomas von Aquin meinte, die agape ohne philia und eros sei steril. Auch die reine göttliche Liebe braucht etwas von der Emotion des eros. Wenn wir ihre Gefühlsqualität beschreiben wollen, so ist es eher eine starke innere Kraft, die uns antreibt, die uns aber emotional nicht in Höhen und Tiefen hinein führt, sondern eher in eine innere Ruhe und zum Frieden. Platon nennt die agape eine göttliche Kraft, die in uns wirkt. Es ist die Kraft, die stärker ist als alles andere und die uns befähigt, unser Leben auch in äußerlich schwierigen Situationen zu meistern. Wir können sie auch beschreiben als ein Grundwohlwollen gegenüber allem, was ist. Die Liebe ist der Grund allen Seins. Und wenn wir diese agape in uns spüren, fühlen wir uns mit allem, was ist, verbunden. Wir sind dankbar, Teil des Ganzen zu sein und uns als dieser einmalige Mensch, der wir sind, mit allem eins zu fühlen.

Immer wieder kreisen wir um sie und sehnen uns danach, von einer Liebe erfüllt zu werden, die unseren Leib und unsere Seele mit einem süßen Gefühl durchdringt.

Die Dichter werden nicht müde, über die Liebe zu schreiben und sie als die größte Macht zu schildern: eine Macht, die die

Menschen umtreibt und sie ins Glück und Unglück stürzen kann. Die Musiker lassen sie hörbar werden. Wenn Mozart eine Liebesarie komponiert, dann spüren wir im Hören dieser Musik nicht nur die Empfindung der Gräfin zu ihrem Mann, sondern die Liebe an sich. Sie bezaubert und verzaubert uns, und zugleich erfüllt sie uns mit einem Gefühl von Zärtlichkeit und Sehnsucht, von Schmerz und zugleich von Glück. Nicht nur in der hohen Kunst, sondern auch in der Populärkultur ist sie als Macht gegenwärtig, die das Leben bestimmen kann und in der Anziehung von Mann oder Frau zur tiefsten Emotion wird: Die Schlager sprechen oft von unerfüllter Liebe, von verletzter Liebe, von unglücklicher Liebe, die uns umtreibt und uns immer wieder nach einer Liebe sehnen lässt, die unsere tiefstes Verlangen erfüllt. Wir sind glücklich über die Liebe. Aber manchmal fühlen wir uns auch machtlos ihr gegenüber. Sie erfüllt uns und sie enttäuscht uns, sie verzaubert uns und verletzt uns. Und dennoch kreisen wir immer wieder um sie und sehnen uns ständig danach, von einer Liebe erfüllt zu werden, die unseren Leib und unsere Seele mit einem süßen Gefühl durchdringt.

Lust – Heilmittel gegen Traurigkeit

Lustvoll zu leben, das meint eine positive emotionale Qualität. Sie ist nicht nur durch eine lustfeindliche moralistische Tradition lange in Misskredit geraten. Auch im Druck eines von Leistung bestimmten und durch Pflichten geregelten emotionsarmen Alltags ist die Fähigkeit, lustvoll zu leben oft verloren gegangen. Wir bräuchten heute nicht nur ein neues Gespür, Lust am Augenblick zu empfinden, sondern auch eine Spiritualität, die Lust macht und nicht mit einem moralisierendem Zeigefinger alle Lust austreibt.

Lust am Leben wird nur der empfinden, der das Böse meidet und das Gute tut.

Wir gebrauchen im Deutschen das Wort Lust auf verschiedene Weise: »Ich habe Lust auf einen guten Rotwein«, sagt man etwa. Lust bedeutet hier: Verlangen haben nach etwas in der Hoffnung, dass das, wonach ich verlange, mir eine angenehme Empfindung, Freude und Vergnügen bereitet. Wir sagen aber oft auch: »Ich habe keine Lust zu arbeiten.« Das meint dann: Ich habe keine Motivation. Es wehrt sich etwas in mir. Oder wir sagen von Menschen, die unbeherrscht sind, dass sie sich einfach nur von Lust und Laune bestimmen lassen. Sie haben kein Gespür für das, was von ihnen gefordert wird, für ihre Pflicht. Das deutsche Wort »Lust« kommt vom germanischen Wort »lutan = sich niederbeugen, sich neigen«. Lust drückt also die Neigung aus für etwas. Doch es gibt auch ein anderes Wort, das damit verwandt ist: das litauische Wort »liudnas = traurig«. Das scheint ein Gegensatz zu sein. Doch offensichtlich gehören beide Erfahrungen eng zusammen: Eine große Lust führt manchmal auch zur Traurigkeit. Das gilt vor allem für die erfüllte Lust, die dann im Menschen Traurigkeit hinterlässt. Wer zur Lust Ja sagt, muss daher auch zur Traurigkeit Ja sagen. Sonst kann er keine wirkliche Lust empfinden. Heute beobachten wir Menschen, die zu großer Lust gar nicht mehr fähig sind, weil sie sich nicht herausreißen lassen aus ihrem emotionsarmen Alltagstrott.

Lust war in der Theologie über lange Jahrhunderte weg kein beliebtes Thema. Man hat Lust vorschnell moralisiert und mit sexueller Lust identifiziert und sie statt einer Erfüllung eher als Gefährdung des Menschen gesehen. Dabei hatte die griechische Philosophie die Lust durchaus als positive emotionale Antriebskraft des Handelns bejaht. Allerdings differenziert der größte griechische Philosoph Platon die verschiedenen Formen von Lust je nach dem Ziel, worauf sie sich richten. Wenn sich die Lust auf hohe ethische Werte oder auf ein vernünftiges und sittlich hochstehendes Ziel richtet, dann ist sie dem Menschen angemessen. Rein irdische Lust dagegen ist für Platon eher suspekt. Für ihn stellt die Lust das innere Gleichgewicht des Menschen wieder her. Sie ist also für seine innere Gesundheit heilsam. Platons philosophischer Antipode Aristoteles hat ein anderes Verständnis von Lust entwickelt. Er versteht Lust als Bestandteil einer vollkommenen Tätigkeit. Wenn der Mensch vollkommen in einer Tätigkeit aufgeht, erfährt er immer auch Lust. Lust begleitet also unser Tun. Wenn wir unsere natürlichen Fähigkeiten vollkommen ausüben, dann erleben wir Lust.

Bei den Kirchenvätern sieht man Lust als eine Qualität des gefallenen Menschen, also des Menschen, der von der Sünde bestimmt ist. Lust wird sofort mit Verlangen nach irdischer Lust zusammengesehen und mit Begierde gleichgesetzt. Man spricht von »Fleischeslust« und zählt sie unter die sieben Todsünden. Dagegen setzen die Kirchenväter die Freude des erlösten Menschen. Aber da diese Freude als rein geistig verstanden wurde, ist der ganze Bereich der Lebenslust oft verloren gegangen. Augustinus sieht in der Lust eine verkehrte Weltliebe. Der so nüchterne Theologe des Mittelalters Thomas von Aquin dagegen sah die Lust positiver. Für ihn ist nicht nur die geistige Lust, sondern auch die sinnliche Lust ein sittlicher Wert. Und er spricht in einer eigenen Abhandlung über die natürlichen Heilmittel gegen die »passiones animae«, die Leiden der Seele, von der Lust als einem Heilmittel gegen Traurigkeit und gegen das Gefühl des Verletztseins. Als Grund dafür gibt er an, dass die Traurigkeit oft dadurch entsteht, dass wir vergangenen Verletzungen nachhängen oder aber den Verlust schöner Erlebnisse betrauern. Die Lust ist dagegen immer in der Gegenwart. »Weil die Erfahrung des Gegenwärtigen aber stärker bewegt als die Erinnerung an das Vergangene, ... so kommt es, dass letztlich die Lust die Trauer vertreibt.« (Thomas, Summa, quaestio 38,2)

Die Psychoanalyse Sigmund Freuds hat sich ausführlich mit der menschlichen Lust beschäftigt. Für Freud ist das Streben nach Lust und das Vermeiden von Unlust der zentrale menschliche Antrieb. Allerdings zeigt sich auch bei Freud, dass die Lust nicht lange währt. Wer erwachsen werden will, muss sich der Realität anpassen. Und die verspricht oft keine Lust mehr. Für die heutige Psychologie ist Lust eine wichtige Empfindungsqualität des Menschen. Wenn der Mensch bei der Arbeit Lust empfindet und »im flow« ist, geht ihm alles besser von der Hand. Wenn er Lust beim Wandern hat, dann hebt sich sein Herz. Wenn er mit Lust in eine Besprechung geht, wird sie eher gelingen. Und wenn einer Lust im sexuellen Einswerden spürt, dann fördert das sein Erleben von Liebe. Lust dient der Gesundheit. Und die Psychologie sagt, dass der Mensch durch

Lust hat nichts mit Regellosigkeit zu tun, sondern mit einem erfüllten Leben.

Lusthemmung krank wird. Wer sich Lust verbietet, dem stößt das Leben sauer auf. Er macht sich selber damit krank.

Der hl. Benedikt stellt im Vorwort seiner Regel an die, die sich für das klösterliche Leben interessieren, die Frage: »Wer hat Lust am Leben?« Ins Kloster soll also nicht der eintreten, der dem Leben ausweichen möchte, sondern der Lust auf volles Leben hat, der sich danach sehnt, gute Tage zu sehen. (Vgl. RB, Prolog 15) Doch die Lust auf Leben wird nicht erfüllt, indem der Mönch alles machen kann, was er möchte. Vielmehr zeigt Benedikt mit einem Psalmvers auf, wie der Weg zum erfüllten Leben geht: »Willst du wahres und unvergängliches Leben, bewahre deine Zunge vor Bösem und deine Lippen vor falscher Rede! Meide das Böse und tu das Gute; suche den Frieden und jage ihm nach!« (Prolog 17, Psalm 34,14f) Lust am Leben wird nur der empfinden, der das Böse meidet und das Gute tut. Lust hat also nichts mit Regellosigkeit zu tun, sondern mit einem erfüllten Leben, mit einem Leben, das in Übereinstimmung gelebt wird mit dem Willen Gottes. Benedikt ist überzeugt, dass der Weg zum wahren Leben am Anfang eng und hart ist. Doch wer sich auf diesen Weg begibt, »dem wird das Herz weit, und er läuft in unsagbarem Glück der Liebe den Weg der Gebote Gottes«. (Prolog 49) Im Lateinischen ist hier von der Süßigkeit der Liebe die Rede. Die Liebe ist also zu kosten. Da kann man Lust daran empfinden. Sie hat einen süßen Geschmack. Doch zu dieser Liebe gelangt man nur, wenn das Herz weit wird und man alle Enge hinter sich gelassen hat.

Mitleid – Einfühlung in andere

Einfühlung in andere ist eine wichtige menschliche Fähigkeit und die Voraussetzung von Mitleid. Im Dritten Reich war Mitleid verpönt. »Gelobt sei, was hart macht«, so lautete die Formel einer männlichkeitsbetonten Ideologie. Es ging um Distanzierung von seinen eigenen Gefühlen und von der Bereitschaft, mit dem Leiden anderer mitzufühlen.

Meine Mitbrüder in Münsterschwarzach haben gegen das Dritte Reich Widerstand geleistet. Aber offensichtlich haben sie gar nicht gemerkt, dass sie manche Gedanken, die damals propagiert wurden, selber verinnerlicht haben. So galt nach dem Krieg auch in unserem Konvent das Wort: »Mitleid ist Schwäche.« Mein Onkel, P. Sturmius Grün, der seinem Namen alle Ehre machte und immer stürmisch gegen alles rebellierte, was seinem Empfinden widersprach, hat daraufhin *Wir sollen unser Herz für den anderen öffnen, mit ihm fühlen, mit ihm leiden.* eine eindrucksvolle Predigt über das Mitleid gehalten. Noch heute erzählt man davon. Seine Predigt hat bewirkt, dass niemand mehr dieses Wort in den Mund nahm. Mein Onkel hat das Mitleid als eine wesentliche Haltung des Christen beschrieben.

Das deutsche Wort »Mitleid« ist letztlich eine Übersetzung des griechischen Wortes »Sympatheia« und des lateinischen »compassio«. Es drückt die Bereitschaft aus, mit dem anderen mitzufühlen und mitzuleiden. Es meint die Solidarität mit dem Leid des anderen. Allerdings heißt es nicht, im Mitleid zu zerfließen. Denn dann helfe ich dem anderen nicht wirklich. In einem Gespräch sagte mir eine Frau, die großes Leid von ihrem Vater erlitten hat: »Ich will kein Mitleid. Für mich war das in meiner Kindheit so schlimm, immer wieder von Leuten zu hören: Du armes Mädchen, was hat man dir angetan? Ich wollte kein Mitleid. Das war für mich nur eine Verstärkung meines Leidens.« Solche Aussagen nehme ich ernst. Diese Frau hat Mitleid offensichtlich als Herablassung erlebt. Solches Mitleid hat ihre Kraft nicht gestärkt, sondern im Gegenteil: Es hat sie kleiner gemacht. Sie wollte nicht aus Mitleid bedauert werden. Sie wollte aus dem Teufelskreis des Leidens ausbrechen. Dazu brauchte sie die Solidarität von Menschen, die bereit waren, ihr wirklich zu helfen, ihr den Rücken zu stärken. Wenn sie jedoch nur bedauert wurde, lähmte sie das. Es schwächte sie. Sie wollte Ermutigung und kein Mitleid. »Dauern« heißt eigentlich: Leid tun. »Bedauern« ist so verstanden: ein beständiges Leid antun. Den, den ich bedauere, verletze ich immer wieder, anstatt ihn aufzurichten und zu stärken.

Wenn die Bibel von Jesu Mitleid spricht, dann verwendet sie das Wort: »splanchnizomai«. Es meint: In den Eingeweiden ergriffen werden. Die Eingeweide sind für die Griechen der Ort der verwundbaren Gefühle. Jesus hat Mitleid mit dem Aussätzigen. (Mk 1,41) Er öffnet sich dem Leid des Menschen, der sich selbst nicht annehmen kann. Er ist verwundbar. Daher spürt er die Bitterkeit, die in diesem Menschen steckt, den inneren Groll, der ihn zerfrisst. Aber Jesus selbst wird nicht davon zerfressen. Er kann es sich leisten, Mitleid zu haben, weil er mit Gott eins ist. Und dort, wo er mit Gott eins ist, hat das Leid des anderen keinen Zutritt. Das ist auch eine wichtige Bedingung für unser Mitleid: Wir sollen unser Herz für den anderen öffnen, mit ihm fühlen, mit ihm leiden. Aber es braucht einen Bereich in uns, der nicht vom Leid des anderen infiziert wird, einen Raum, in dem wir uns zurückziehen können, um

Krankenschwester

von dort aus das Leid des anderen zu spüren. Wir sind solidarisch mit dem Leidenden, aber wir lösen unsere Grenzen nicht auf. Wir haben in uns einen Raum, zu dem das Leid des anderen keinen Zutritt hat. Im Lukasevangelium fordert uns Jesus auf, einfühlend (oiktirmon) zu sein, wie Gott selbst einfühlend und barmherzig ist (Lk 6,36). Wer einfühlend ist, kommt Gott am nächsten. Er versteht, wie Gott ist. Und er hat teil an Gott. Er lässt sich von Gottes Geist leiten. Auch die Buddhisten kennen dieses Mitgefühl. Sie weiten es aus auf die ganze Welt. Wir sollen mit den Menschen mitfühlen, aber auch mit den Tieren und Pflanzen, ja mit der ganzen Natur. Das ist

Es braucht einen Bereich in uns, der nicht vom Leid des anderen infiziert wird, einen Raum, in dem wir uns zurückziehen können, um von dort aus das Leid des anderen zu spüren.

sicher eine Deutung, die auch im Christentum angelegt ist, die wir aber oft vernachlässigt haben. Dem Propheten Jona sagt Gott: »Mir aber sollte es nicht leid sein um Ninive, die große Stadt, in der mehr als hundertzwanzigtausend Menschen leben, die nicht einmal rechts und links unterscheiden können – und außerdem so viel Vieh?« (Jon 4,11) Gott hat Mitleid mit den Menschen, die orientierungslos sind, die keinen Sinn in ihrem Leben haben. Aber er hat auch Mitleid mit dem Vieh. So ist das Mitgefühl, das Jesus von uns fordert, Mitleid mit allem, was ist. Das lateinische Wort »compassio«, das dann auch vom Englischen übernommen wird – »compassion« –, meint nicht nur das passive Leiden, sondern auch die Passion, die Leidenschaft. Wer mitfühlt, setzt sich leidenschaftlich ein für die Menschen. Er bleibt nicht passiv, sondern lässt sich von seiner Leidenschaft anspornen, den Menschen beizustehen und sich für die Schöpfung einzusetzen.

Was von Jesus gilt, das beschreibt Lukas auch als wesentliche Haltung des Christen. Der Priester und der Levit gingen an dem Mann, der unter die Räuber gefallen war, ohne Mitleid vorbei.

Vom Samariter aber heißt es: »Er hatte Mitleid = esplanchnisthe«. (Lk 10,33) Hieronymus übersetzt dieses Wort mit »misericordia motus est = er wurde von Barmherzigkeit bewegt, erregt«. Mitleid ist eine Regung des Herzens. Ich öffne mich für den Leidenden. Für den Samariter heißt Mitleid: tatkräftig anpacken. Lukas beschreibt sein aktives Handeln: »Er ging zu ihm, goss Öl und Wein auf seine Wunden und verband sie. Dann hob er ihn auf sein Reittier, brachte ihn zu einer Herberge und sorgte für ihn.« (Lk 10,34) Der Samariter bleibt nicht im Gefühl stecken. Vielmehr bewegt ihn das Gefühl des Mitleids zur Tat. Und es ist ein sehr aktives Tun, das man sich lebhaft vorstellen kann: Er nimmt den verletzten und halb tot geschlagenen Mann auf seine Schultern und hebt ihn auf sein Reittier. Es ist also kein herablassendes Mitleid, sondern ein Mitleid, das aufrichtet, das den anderen dorthin bewegt, wo er wahrhaft Hilfe findet. Der Samariter sorgt für den verwundeten Menschen. Aber er trägt ihn nicht sein Leben lang mit sich herum. Er findet trotzdem die Gelegenheit, auch seinen eigenen Geschäften nachzugehen, sein eigenes Leben zu leben. Er überlässt den Verletzten dem Wirt in der Herberge. Er übernimmt die Verantwortung für den Verletzten, aber er gibt sie auch wieder ab.

In der Geschichte vom Samariter wird das Geheimnis unseres Mitleids beschrieben. Mitleid haben heißt zunächst: mitfühlen. Aber es bleibt nicht im Gefühl stecken. Es drängt uns zum Tun. Wir öffnen uns dem Leid des anderen und überlegen, was wir tun können, um es zu mindern oder zu mildern. Die Reaktion ist zunächst: Verstehen, Einfühlen, Wahrnehmen. Ich soll ihm keine Ratschläge erteilen. Aber ich soll mit ihm ins Gespräch kommen, dass er sein Leid zum Ausdruck bringen kann. Schon das hilft ihm. Aber dann kann ich ihn fragen, was ihm helfen könnte, was er in seinem Leid braucht. Er ist nicht nur der Leidende. Er hat in sich auch Quellen, aus denen er schöpfen kann. An sie kann ich ihn erinnern, mit ihnen in

Berührung bringen. Und ich kann ihn einladen, durch sein Leid, durch seine Schmerzen hindurch in den Grund der Seele vorzudringen, in den inneren Raum der Stille, der vom Leid nicht infiziert ist, an den Zufluchtsort der Seele, an dem er geschützt und geborgen ist. Ich kann dem anderen nur dann angemessen Mitleid zeigen, wenn ich selbst in Berührung bin mit dem inneren Raum der Stille auf dem Grund meiner Seele, zu dem das Leid des anderen keinen Zutritt hat. Beim islamischen Mystiker Rumi heißt es daher: »Wenn du umarmt werden willst, öffne deine Arme.«

Neid – Giftiger Stachel

*D*em anderen nichts gönnen, sich selber unterlegen und zu kurz gekommen fühlen, dem anderen sein Glück nicht gönnen und seinen Erfolg »verübeln«: Neid vergiftet die Seele, er kann lähmend sein und wie ein giftiger Stachel wirken, und er kann eine aggressive zerstörerische Kraft entfalten – bis hin zum Hass auf den anderen. Bei Ovid heißt es, dass das Gras unter dem Fuß des Neiders verbrennt. Und schon in der Bibel wird davon erzählt: Kain tötet seinen Bruder Abel, weil er neidisch auf ihn ist. Seit dem 6. Jahrhundert zählt Neid zu den sieben Hauptsünden. Evagrius Ponticus, der Psychologe unter den Mönchsschriftstellern des 4. Jahrhunderts, ordnet diese Emotion den geistigen Leidenschaften zu.

Neid erwächst daraus, dass wir uns ständig mit anderen vergleichen. Wir sind nicht bei uns, sondern schielen auf den anderen. Früher hieß der Neid auch »Scheelsucht«. Sobald wir in eine Gruppe von Menschen kommen, fragen wir uns: Wer sieht besser aus, wer ist intelligenter, wer kann besser reden, wer kann sich besser darstellen, wer hat mehr Erfolg? Wer ist uns gegenüber bevorzugt? Wir bleiben damit nicht bei uns, sondern sind immer schon bei den anderen. Wer sich mit anderen vergleicht, der kommt nicht zur Ruhe. Er findet bei anderen immer etwas, was er nicht hat. Es wird immer Leute geben, die besser singen und reden können als er, die besser aussehen als er, die mehr Geld haben als er. Er fühlt sich selber als Habenichts. Man begehrt dann auch Dinge, die einem gar nicht fehlen. Offen geben wir den Neid nur selten zu. Wer den Neid in sich aber nur verdrängt oder unterdrückt, den wird er trotzdem verfolgen. Oder aber der unterdrückte Neid führt zum Selbsthass und zur Selbstverachtung. Wer sich vom Neid bestimmen lässt, den zerfrisst er. Ein solcher Mensch wird unzufrieden mit sich selbst. Er ist nie in Berührung mit sich, sondern immer bei den anderen. Und bei ihnen sieht er nur das, was er selbst gerne haben möchte. Doch weil er es nicht hat, ist er missmutig, grollt dem Schicksal und grollt Gott, der ihn nicht so geformt hat, und empfindet es als Ungerechtigkeit, dass er ihn nicht mit den Gaben beschenkt hat, wie er es selber gerne möchte.

Soziologen sprechen von einer Neidgesellschaft. Der Neid in der Gesellschaft ist die Antriebskraft, alles gleichzumachen. In den antiken Gesellschaften war der Sozialneid der Grund dafür, dass man von Zeit zu Zeit die Güter, die einzelne erworben haben, zerstört hat oder aber unter den Rivalen verteilt hat. Man hatte in der Antike Angst vor dem Neid der Götter. Daher hat sich niemand getraut, aus dem Gewohnten herauszutreten, etwa mehr zu verdienen als andere oder besser dazustehen als andere. Heute ist Neid etwa in manchen Ländern Afrikas eines der größten Hindernisse für den Fortschritt. Man neidet jedem, der Erfolg hat, seinen Erfolg. Und man versucht, entweder an seinem Erfolg teilzuhaben und ihn auszusaugen. Oder aber, wenn er zu mächtig wird, versucht man ihn zu vergiften. Aber ein Neid, der es nicht aushalten kann, dass einzelne herausragen, verhindert jeden Fortschritt und die Entwicklung einer Gesellschaft. Denn einzelne, die herausragen, werden sofort nivelliert und nach unten gedrückt. Aber auch das andere gibt es: Dass Bemühungen um Gerechtigkeit mit dem Etikett »Sozialneid« belegt werden, um sie zu diskreditieren. Oder dass Neid psychologisch als Mittel eingesetzt wird, um den Konsum anzukurbeln. »Ihre Freundin wird Sie beneiden«, das war der Werbeslogan für eine

Wer sich vom Neid bestimmen lässt, den zerfrisst er.

Luxustasche. Diese Beobachtung zeigt: Die Auseinandersetzung mit dem Neid ist nicht nur ein persönliches bzw. privates, sondern auch ein höchst politisches Thema. Auch in unserer Gesellschaft gibt es oft die Neiddebatte. Man gönnt z. B. den Ärzten, die sich als Hausärzte übermäßig für ihre Patienten einsetzen, nicht die entsprechende Vergütung. Erst wenn immer mehr Ärzte ins Ausland abwandern, erkennt man, wohin die Neiddebatte führt: Keiner darf mehr herausragen. Doch das führt dazu, dass sich auch keiner mehr wagt oder dazu motiviert ist, sich über das Maß hinaus zu engagieren.

Wie können wir angemessen mit dem Neid umgehen? Auch hier gilt die Devise der frühen Mönche: Wir sollen mit dem Neid reden. Gerne verdrängen wir ihn oder behandeln ihn wie ein verborgenes Gefühl. Wir sollten ihn aus der Dunkelheit herausholen und ihm offen begegnen. Was will der Neid mir sagen? Welche Lebensbereiche liegen bei mir brach? Wo will ich anders sein? Der Neid zeigt meine Bedürftigkeit und meine tiefsten Sehnsüchte. Ich möchte erfolgreich sein, gut aussehen, besser sein als andere. Ein Weg, den Neid zu relativieren, besteht darin, sich konkret vorzustellen: »Ich will so sein wie die Menschen, auf die ich neidisch bin. Ich will so aussehen wie der oder die. Ich will soviel Geld haben wie der. Ich will genauso in der Gesellschaft beachtet werden wie der oder die. Ich will so intelligent sein, so erfolgreich sein, ich möchte so gut singen, reden, mich durchsetzen können wie der oder die.« Wenn ich mir all die Eigenschaften ausdenke, auf die ich bei anderen neidisch bin, dann erkenne ich vielleicht, dass das unrealistisch ist. Möglicherweise würde ein Monster heraus kommen, wenn ich alle diese Eigenschaften in mir verkörpern würde. Indem ich mir das, worauf ich neidisch bin, ausmale, kann ich es loslassen. Und dann kann das Gefühl von Dankbarkeit entstehen für das,

Wer neidisch ist, wird unzufrieden mit sich selbst.

was ich bin. Indem ich den Neid zulasse, nehme ich ihm die Macht über mich. Ich komme wieder in Berührung mit mir selbst. Und versuche, dankbar im Einklang mit mir zu leben. Dann entdecke ich, wie viel mir Gott in meinem Leben geschenkt hat. Wenn ich das sehe, kann ich auch gönnend gegenüber anderen sein.

Wenn ich mich vom Neid beherrschen lasse, dann führt er entweder zum Hass auf die Menschen, die besser gestellt sind als ich. Oder wenn ich das Gefühl habe, dass ich das, was die anderen erreicht haben, nie erlangen werde, schlägt der Hass auf die anderen in Selbsthass um. Im Volksmund sprechen wir davon, dass einer »gelb wird vor Neid«. Man sagt auch: »Einer erblasst vor Neid.« Damit drücken wir aus, dass der Neid uns die gesunde Hautfarbe wegnimmt. Wer neidisch ist, fühlt sich durch die Überlegenheit eines anderen gekränkt. Und man kann sagen: Neid führt zu einer kranken Selbsteinschätzung und letztlich zu einem Gefühl von Kranksein. Weil ich das, worauf ich neidisch bin, nicht erreichen kann, richte ich alle Aggression gegen mich selbst und werde depressiv. Ich töte alle Freude in mir und nehme mir alle Energie, um etwas anzupacken und positiv zu verändern. Die Energie geht verloren – im Neid auf die anderen.

Der Neider ist nie in Berührung mit sich, sondern immer bei den anderen.

Neid gehört zum Menschen. Die frühen Mönche waren realistisch genug, das anzuerkennen. Sie zeigen uns Wege auf, wie wir mit dem Neid umgehen sollen. Wenn wir gegen ihn kämpfen, wird er in uns eine Gegenkraft entwickeln. Er wird immer wieder in uns hochsteigen. Der einzige Weg, den Neid zu überwinden, ist das freundschaftliche Gespräch mit ihm. Dann werden wir uns nicht verurteilen, wenn wir Neid in uns spüren. Indem wir unseren Neid zugeben, bekennen wir unsere eigene Bedürftigkeit und unsere Sehnsucht. Und zugleich gestehen wir uns ein, dass unsere Bedürfnisse oft genug unrealistisch oder infantil sind. Wir wollen immer und überall die Größten und die Erfolgreichsten und die Schönsten sein. Indem wir diese Bedürfnisse anschauen, können wir uns davon distanzieren und uns aussöhnen mit unserer Situation, sowie wir sie erleben. Dann sagen wir Ja zu uns und sind dankbar für das, was Gott uns geschenkt hat. Wir schauen nicht mehr auf die anderen, sondern auf uns. Und können dann entweder Energien entwickeln, die uns positiv neue Ziele in Angriff nehmen lassen, ohne dass wir die Energien destruktiv auf andere lenken. Wir genießen unser Leben, das Gott uns geschenkt hat, ohne ständig voller Neid und Missgunst auf die anderen zu schielen.

Ohnmacht – Grenzen akzeptieren

Oft fühlen wir uns ohnmächtig und hilflos gegenüber unserer Sucht, gegenüber unseren Emotionen, die uns überfallen. Wir fühlen uns anderen Menschen gegenüber wie ausgeliefert. Wir können uns nicht gegen sie wehren. Alle psychologischen Tricks helfen uns nicht. Sobald wir dem anderen begegnen, fühlen wir uns ohnmächtig.

Die Erfahrung der eigenen Ohnmacht gehört wesentlich zum Menschen. Sigmund Freud hat sich eingehend mit der Erfahrung der kindlichen Ohnmacht und Hilflosigkeit beschäftigt. Das kleine Kind erfährt seine Abhängigkeit von der Mutter und von den Dingen der Außenwelt. Das ruft in ihm oft Gefühle von Hilflosigkeit hervor. Nach einer Phase der Geborgenheit bei der Mutter erlebt sich das Kind als machtlos. Der Mythos vom Himmelssturz der Engel drückt dieses Gefühl treffend aus: Das Kind fühlt sich gleichsam wie vom Himmel gefallen. Jetzt erfährt es seine Ohnmacht den Menschen, den Dingen und seinen eigenen Gefühlen gegenüber. Kinder fühlen sich so, wenn die Eltern vor ihnen streiten. Sie können sich noch soviel Mühe geben, den Streit zu schlichten, es hilft nicht weiter. Kinder fühlen sich ohnmächtig, wenn sie geschlagen werden und gegen die oft brutale Gewalt der Erwachsenen nichts ausrichten können. Da sie keine Chance haben, entsteht oft eine ohnmächtige Wut, die dann dazu führt, dass man sich gegen jeden Schmerz verschließen muss, um

Im Begriff der Ohnmacht steckt schon die Vorstellung der Hilflosigkeit: Ich kann nichts ausrichten, nichts tun, nichts machen.

überhaupt überleben zu können. Wenn ein Kind ungerecht behandelt wird, kann es dagegen protestieren, aber oft genug bleibt der Protest wirkungslos. Das Kind bleibt dem Unrecht hilflos ausgesetzt. Wenn ein Kind abgelehnt wird, obwohl es sich alle Mühe gibt, die Zuwendung der Mutter zu erlangen, entsteht ein tiefes Gefühl von Ohnmacht. Als Kind hatten wir keine Chance, uns gegenüber den Eltern zu behaupten und unsere Bedürfnisse durchzusetzen. Oft taucht so ein Ohnmachtsgefühl wieder auf, wenn wir als Erwachsene jemandem begegnen, der oder die uns an die allmächtigen Eltern oder Lehrer erinnert. Auslöser ist eine Situation, wenn wir uns unterlegen fühlen oder ungerecht behandelt werden.

Wir sollen die Gefühle der Ohnmacht wahrnehmen und uns mit ihnen aussöhnen.

Diese kindliche Erfahrung setzt sich beim Erwachsenen fort. Er fühlt sich ohnmächtig, weil er sich selbst nicht zutraut, den Erfordernissen des Lebens gewachsen zu sein. Und er fühlt sich ohnmächtig den politischen und gesellschaftlichen Verhältnissen gegenüber, wenn er spürt, wie chancenlos er ist gegenüber der Ungerechtigkeit in der Welt, gegenüber Terror, Gewalt und Krieg.

Ich möchte im Folgenden nur einige dieser Gefühlslagen beschreiben und danach fragen, ob es einen Ausweg oder eine Möglichkeit gibt, positiv mit einer solchen Erfahrung umzugehen.

Viele machen die Erfahrung, dass sie sich ihren Fehlern und Schwächen gegenüber ohnmächtig fühlen. Trotz aller Kämpfe und aller Versuche, an sich zu arbeiten, fallen sie immer wieder in die gleichen Fehler zurück. Sie sagen: »Ich nehme mir immer wieder vor, nicht über andere zu reden. Aber alle meine Vorsätze bleiben erfolglos.« Sie nehmen sich vor, nie mehr negativ über andere zu reden – und müssen sich doch immer wieder dabei ertappen, dass sie es gerade wieder getan haben. Viele leiden darunter, dass ihre Bemühungen nichts fruchten, sie bleiben die gleichen.

Manche fühlen sich ohnmächtig gegenüber ihrer Angst. Sie haben psychologische Literatur gelesen, eine Therapie gemacht und ihre Angst durchgesprochen. Aber trotzdem fühlen sie sich wie ausgeliefert, sobald die Angst auftaucht. Da nützen alle ihre Erkenntnisse nichts. Da werden sie einfach von der Angst gepackt. Sie wissen, dass sie in Gottes Hand sind. Aber sobald sie in ein Flugzeug steigen oder vor einer Operation stehen, nützen alle frommen Worte nichts, da scheint der Glaube machtlos zu sein gegenüber der Angst. Eine irrationale Angst beschleicht und überfällt sie wie ein heimtückisches Tier. Kopf und das Herz können dagegen nichts ausrichten.

Andere werden ihrer Emotionen nicht Herr. Sie möchten nicht eifersüchtig sein. Aber die Eifersucht taucht einfach auf, sobald sich die eigene Frau mit einem anderen Mann angeregt unterhält, oder wenn der Freund mehr Zeit mit anderen verbringt. Alle Beteuerungen der Frau oder des Freundes, dass man nur sie allein liebe, richten nichts aus. Die Eifersucht kommt einfach wie ein Reflex wieder, sobald eine ähnliche Situation auftritt. Andere fühlen sich ihren Trieben gegenüber ohnmächtig, etwa ihrer Sexualität oder ihrer Esssucht. Alle Willensanstrengungen nützen nichts. Sie werden immer wieder von ihren Trieben beherrscht. Sie können noch so gegen ihre Essprobleme angehen, immer wieder versagen sie. Das hinterlässt ein Gefühl von Ohnmacht und Resignation.

Psychisch Kranke fühlen sich oft ohnmächtig gegenüber ihrer Krankheit. Eine Frau leidet unter Waschzwang. Alle therapeutische Begleitung hat sie bisher nicht davon befreien können. Sie muss sich einfach waschen, sobald sie sich auf einen gepolsterten Stuhl setzt. Aber wir brauchen nicht auf die Kranken zu sehen. Wir alle kennen irgendwelche Zwänge, denen wir machtlos ausgeliefert sind. Da leidet einer unter dem Zwang, abends nochmals nachzusehen, ob die Türe zugesperrt ist. Ein anderer muss sich vergewissern, daß alles an seinem Schreibtisch am richtigen Ort liegt. Wir ärgern uns jedesmal, wenn wir auf Kritik empfindlich reagieren. Und trotzdem können wir nichts ändern. Wenn das nächste Mal die Sprache auf bestimmte Probleme kommt, fühlen wir uns wieder getroffen. Wenn an unsere Wunde gerührt wird, schreien wir erneut auf. So gibt es viele psychische Gegebenheiten, denen wir uns machtlos gegenüber sehen.

Dann gibt es Ohnmachtsgefühle gegenüber anderen Menschen. Auch sie haben oft ihre Ursache in kindlichen Erfahrungen. Eine Frau kann sich nicht gegen ihre Mutter wehren. Wenn die sie kritisiert und sie an ihrer empfindlichen Stelle trifft, dann ist sie wie gelähmt. Alle Gespräche, die sie mit anderen darüber geführt hat, in denen sie Strategien entwickelt hat, sich abzugrenzen, helfen in diesem Augenblick nicht. Die Mutter hat ein feines Gespür, wo sie die Tochter treffen kann. Sie braucht ihr nur vorzuwerfen, dass sie so nie einen Mann findet, dann hat sie einfach Macht über sie. Und sie kann sich dieser Macht nicht entziehen. Ein Mann ist seinem Vater gegenüber ohnmächtig. Der Vater kann alles, er ist intelligent und entwertet ständig, was der Sohn tut. Da kann der Sohn sich noch so anstrengen, er kann dagegen nichts ausrichten. Er kann seinen Erwartungen nie entsprechen. Und vor allem kann er sich gegen seine Sticheleien und gegen seine entwertenden Urteile nicht wehren. Ein anderer kann sich gegenüber seinem Chef nicht behaupten. Wenn der losbrüllt, zuckt er zusammen und tut grollend dann doch, was der Chef will. Er nimmt sich zwar immer wieder vor, zu sagen, wo seine Grenzen sind, was er übernehmen kann und was nicht. Aber immer wieder gibt er nach, wenn der Vorgesetzte ihn laut anfährt.

Im Begriff der Ohnmacht steckt schon der Vorstellung der Hilflosigkeit: Ich kann nichts ausrichten, nichts tun, nichts machen. Doch das stimmt nicht. Wir sollen die Gefühle der Ohnmacht wahrnehmen und uns mit ihnen aussöhnen. Ich kann meine Gefühle nicht so ändern, wie ich will. Ich kann die Beziehung zu anderen Menschen nicht so gestalten, wie ich es gerne hätte. Aber die Ohnmacht ist eine Einladung, nach neuen, alternativen Möglichkeiten zu suchen, mit mir selbst und mit anderen umzugehen. Es gibt eine Grundregel der Psychologie und des geistlichen Lebens: »Ich kann nur ändern, was ich angenommen habe.« Oft nehmen wir in unserer Ohnmacht uns selbst und die anderen nicht an. Wir haben irgendwelche Ideen so stark verinnerlicht, dass wir uns weigern, die Realität anzunehmen. Doch nur wenn ich mich mit meinen Emotionen und mit meiner Reaktion auf bestimmte Menschen annehme, kann ich – langsam – etwas daran ändern. Wer gegen sich wütet, der erfährt nur umso heftiger die Ohnmacht, sich zu ändern. Wer sich dagegen annimmt, der darf erfahren, dass sich langsam etwas in ihm wandelt. Wir sind uns selbst und der Welt gegenüber nicht ohnmächtig. Wir müssen nur klar erkennen, wo unsere Macht liegt und wo wir einfach akzeptieren müssen, dass die Welt so ist, wie sie ist.

Rachsucht – Ungezügelt und maßlos

Wenn wir von einem anderen tief verletzt worden sind, dann tauchen in uns Rachegefühle auf. Wir wollen das Unrecht vergelten und einen Ausgleich erreichen, indem wir uns am anderen rächen und ihm seinerseits Schaden zufügen. Das Rachegefühl hat eine starke innere Dynamik und hat die Tendenz, grenzenlos zu werden, ungezügelt und ohne Maß. Je tiefer die Verletzung, desto stärker die Rachsucht. Wir werden von diesem Gefühl so heimgesucht, dass wir den anderen am liebsten töten und erniedrigen möchten und uns die brutalsten Foltermethoden und Qualen ausmalen. Von der Rachsucht getrieben, können wir nicht nur zu gewaltsamen Phantasien, sondern auch zu tatsächlichem unüberlegtem Verhalten provoziert werden.

Das Gefühl, uns rächen zu wollen, bringt uns mit unserer Aggressionskraft in Berührung.

Trotz des Impulses, das erlittene Unrecht wieder gut zu machen, wird der Racheimpuls häufig willkürlich und selber ungerecht. Wenn die Helden antiker Sagen von der Rachsucht erfasst werden, dann werden sie rasend. Und in ihrer Wut und Raserei wachsen ihnen ungeahnte und verheerende Kräfte zu. Rachsucht ist freilich keineswegs nur ein Problem archaischer Gesellschaften. Wir können kaum verhindern, dass auch in uns selber Rachegedanken in uns auftauchen, wenn wir uns verletzt fühlen. Aber es ist unsere Entscheidung, wie wir mit der Rachsucht umgehen. In der Rachsucht steckt der Impuls, uns gegen das Unrecht zu wehren und die Sehnsucht nach Gerechtigkeit. Die zerstörte Gerechtigkeit soll wieder hergestellt werden. Insofern bringt uns die Rachsucht mit unserer Aggressionskraft in Berührung, deren positive Kraft darin besteht, dass wir nicht einfach Opfer bleiben, sondern uns aus der Opferrolle befreien. Doch wenn wir der Rachsucht freien Lauf lassen, werden wir selbst zum Täter und machen andere zum Opfer. Das führt nicht weiter. Wir sollen den Impuls der Rachsucht, wenn wir ihn in uns spüren, vielmehr als Impuls nehmen, den anderen, der uns verletzt hat, aus uns heraus zu werfen und uns so von seiner Macht zu befreien.

Manchmal drückt sich unsere Rachsucht in Rachephantasien aus. Wir stellen uns in der Phantasie vor, wie wir den, der uns beleidigt oder geschadet hat, mit Worten niedermachen. Manchmal werden diese Rachephantasien auch brutal. Wir möchten ihn am liebsten auch beleidigen, ja bisweilen sogar töten. Solche Rachephantasien bringen uns mit der Kraft in Berührung, uns vom anderen zu distanzieren. Doch wenn wir ihnen freien Lauf lassen, tut es uns nicht gut. C. G. Jung warnt davor, seinen Rachephantasien freien Lauf zu lassen. Denn dann überschreiten wir in der Phantasie unsere menschlichen Maßstäbe und Werte. Das kann dann auch in der Realität zu schädlichem maßlosem Verhalten führen.

Wir sollen die Rachsucht nicht unterdrücken. Wenn sie in uns hochsteigt, ist sie immer ein Zeichen dafür, wie tief wir uns verletzt fühlen. Wir sollen sie bewusst anschauen und dann überlegen, wie wir uns gegen die Verletzung schützen können. Der Schutz kann darin bestehen, dass wir dem anderen klare Grenzen aufweisen. Der Schutz kann auch in der Strafe sich ausdrücken. Die Strafe, die die Gerichte über ein Unrecht verhängen, ist letztlich vom Rachegedanken abgeleitet und vom Vergeltungsgedanken bestimmt. Aber wir dürfen uns nicht selber rächen. Die Bibel schärft uns immer wieder ein,

Die positive Bedeutung der Aggressionskraft besteht darin, dass wir nicht einfach Opfer bleiben, sondern uns aus der Opferrolle befreien.

dass Gott die eigentliche Rache ausübt und dass sie uns nicht zusteht. Wir sollen uns in unserem Gefühl der Verletztheit und unserem Verlagen nach Gerechtigkeit an Gott wenden. Er möge die Frevler bestrafen und die Gerechtigkeit wieder herstellen. Die Psalmen verwandeln die Rachsucht und die Rachegefühle in die Sehnsucht nach Gottes Gerechtigkeit. Indem wir unsere Rachsucht Gott gegenüber zum Ausdruck bringen, kann sich das Gefühl verwandeln. Das unterdrückte Gefühl schadet uns genauso wie das ausgelebte Gefühl. Indem es im Gebet ausgedrückt wird, kann es sich wandeln in das Vertrauen, dass Gott das Recht wieder herstellt, dass es den Frevlern auf Dauer nicht gut gehen wird. Die Verheißung der Bibel ist: Gott tritt für die Armen ein und entmachtet ihre Unterdrücker.

Wenn wir der Rachsucht freien Lauf lassen, werden wir selbst zum Täter und machen andere zum Opfer.

Resignation – Ohne Energie, ohne Hoffnung

In der Begleitung treffe ich immer wieder auf resignierte Menschen. Sie haben den Kampf für Ziele und Werte, die ihnen einmal wichtig waren, aufgegeben. Sie erwarten nichts mehr vom Leben. Ihre Einstellung ist: Es lohnt sich nicht mehr, sich für etwas ein- zusetzen oder an sich selbst zu arbeiten. Sie sagen: Es hat doch alles keinen Zweck. Sie haben die Hoffnung auf Veränderung verloren und kein Vertrauen mehr darauf, dass sich das Leben noch aktiv gestalten oder für sich und andere wirksam zum Positiven wenden lasse.

Im Grab der Resignation liegen zu bleiben, ist bequem: Man übernimmt keine Verantwortung mehr.

Das Wort »Resignation« kommt vom lateinischen »re-sig- nare«. Signare heißt: mit einem Zeichen versehen, besiegeln«. Man hat ein wichtiges Schriftstück mit einem Siegel versehen. Es hatte damit Gültigkeit. Re-signare meint, dass ich das Zei- chen wieder entferne. Ich verzichte auf den Anspruch, ich ver- zichte auf das, was in dem Schriftstück geschrieben steht. In einem militärischen Verständnis heißt es: das Feldzeichen (sig- num) senken, also kapitulieren, weil die Aussicht geschwunden ist, zu siegen. Wenn wir heute von Resignation sprechen, mei- nen wir: Verzicht, Entsagung und Schicksalsergebenheit. Oft kommt eine solche Haltung schleichend, aber am Ende ist klar: Es herrscht Stillstand. Wir geben unseren Anspruch auf unsere Wünsche preis und haben keine Erwartungen mehr. Wir fügen uns ins scheinbar Unabänderliche, ergeben uns in unser Schick- sal.

Doch diese Ergebenheit hat nichts von innerer Freiheit an sich. Sie ist vielmehr von depressiven und hoffnungslosen Gefühlen begleitet. Wir geben uns letztlich selber auf. Eine solche Haltung ist auch keine spirituelle Tugend. Sich in Gott hinein ergeben ist ein Zeichen echter Spiritualität. Sich aber resigniert aufgeben, widerspricht christlicher Spiritualität. Es widerspricht vor allem der christlichen Tugend der Hoffnung. Wer resigniert ist, der hat keine Hoffnung mehr. Er lebt einfach nur so dahin, ohne innere Leidenschaft, mit gedämpften Gefühlen oder ganz apathisch.

Wenn ich in der Begleitung Menschen begegne, die resigniert haben, dann steht es mir natürlich nicht zu, das zu bewerten. Ich nehme es einfach wahr. Und ich weiß auch aus vielen Lebensgeschichten: Oft haben sich diese Menschen jahrelang bemüht, an sich zu arbeiten. Aber dann wirft sie etwa eine Krankheit aus ihren gewohnten Bahnen und lässt alle Bemühungen um ein gutes Leben zunichte werden. Oder sie haben sich für die Kirche oder für ihre Gemeinschaft, für ihre Firma oder für ihre Familie eingesetzt. Aber alle Anstrengungen waren umsonst. Die Kirche bewegt sich nicht. Die Gemeinschaft, in der sie leben, hat sich selber aufgegeben. Sie ist erstarrt. Und die Firma wird von fremden Geschäftsführern geleitet, die sich nicht um die alte Firmenkultur kümmern, nur noch an schnellen Profit denken und soziale Werte verkommen lassen. Oder ihre Familie ist trotz aller Bemühungen auseinander gebrochen, weil Erbschaftsstreitigkeiten die Geschwister auseinandergebracht haben. Am Anfang hat man sich noch um Versöhnung bemüht, doch alle Versuche sind, woran auch immer, gescheitert. Jetzt ist man resigniert. Doch man ist nicht glücklich mit dieser Resignation. Man spürt, dass sie einen belastet und nach unten zieht.

Aufstehen aus dem Grab der Resignation, das bedeutet: sich wieder einsetzen für das Leben, für seine Ideale, voller Hoffnung an einer besseren Welt arbeiten.

Die Resignation raubt einem alle Kraft, die man bräuchte, um zu kämpfen. Es lohnt sich ja sowieso nichts mehr. Man richtet sich einfach nur ein in seinem engen Leben oder flüchtet in viele Aktivitäten, um der Resignation zu entgehen. Doch die Grundstimmung allen hektischen Tuns ist trotzdem die Resignation. Es geht keine Energie mehr von uns aus, keine Hoffnung mehr auf eine bessere Zukunft.

Aber das Bild, das in dem Wort Resignation steckt, kann auch eine Lösung anzeigen: Wenn wir ein Schriftstück entsiegelt und damit entwertet haben, könnten wir ein neues Schriftstück verfassen, auf dem wir unsere Wünsche und Ansprüche an das Leben formulieren. Allerdings haben manche Menschen, die in bestimmten Bereichen resigniert haben, auch die Hoffnung auf ein neues Buch ihres Lebens aufgegeben. Sie haben nicht nur im Kampf um ihre Ideale resigniert. Sie haben sich selbst aufgegeben. Diese Haltung ist wie ein Gift, das einsickert und das ganze Leben krank macht und von der Wurzel her zerstört. Wer so resigniert ist, der kann sich über nichts mehr freuen. Und er wird andere Menschen, die sich für etwas einsetzen, entwerten und ihren Einsatz lächerlich machen. Denn wer von der Resignation infiziert ist, kann es nicht oder nur schwer aushalten, wenn andere sich noch für ein Projekt oder eine Idee begeistern können. Wer sich nicht mehr begeistern kann, der hat auch keine Energie mehr in sich. Die Gehirnforscher sagen uns, dass gerade durch die Begeisterung neue Verbindungen im Hirn geknüpft werden. Ich spüre in mir immer Traurigkeit, wenn ich mit resignierten Menschen spreche. Nicht nur dass sie sich selbst aufgegeben haben. Von ihnen geht nur noch Schwere, Müdigkeit, Skepsis aus. Oft drückt sich die Resignation in Zynismus aus, der andere niedermacht und eine Atmosphäre des Negativen verbreitet. Das deutsche Wort »zynisch« kommt von der antiken Philosophenschule der Kyniker, die ihren Namen von »kyon = Hund« ableiten. Gemeint ist damit: Solche Menschen gebärden sich »hündisch«, indem sie bissig und schamlos alles kommentieren und wie ein Hund über die geltenden Vorstellungen und Lebensformen herfallen.

Die christliche Antwort auf die Resignation ist die Auferstehung. Christen sind überzeugt: Jesus ist aus dem Grab auferstanden. Eine Hoffnung, die so stark ist, dass sie auch den Tod überwindet, hat eine Konsequenz in unserem eigenen Leben: Wir sollen mit Jesus aus dem Grab unserer Resignation aufstehen. Resignation fühlt sich an wie ein Grab. Man hat sich dort eingerichtet, aber alles ist tot, es verwest und modert vor sich hin. Im Grab der Resignation liegen zu bleiben, ist freilich bequem, und in der Rolle des Zuschauers kann man alles folgenlos und bequem kommentieren, was man sieht. Aber man übernimmt keine Verantwortung mehr. Aufstehen aus dem Grab der Resignation, das bedeutet: wieder eingreifen in den Kampf des Lebens, sich wieder einsetzen für das Leben, für seine Ideale, voller Hoffnung an einer besseren Welt arbeiten.

Unsere Zeit ist von Resignation geprägt. Es gibt viel Resignation in der Politik, in der Kirche und im persönlichen Leben. Ich kann einen resignierten Menschen nicht zur Begeisterung aufrufen oder gar dazu überreden. Solche Appelle werden an ihm abprallen. Aber ich kann ihn fragen: Was hast du davon, dass du im Grab deiner Resignation liegen bleibst? Warum hast du eigentlich resigniert? Waren deine Ideale vielleicht zu hoch? Kannst du dir und den Menschen möglicherweise nicht verzeihen, dass sie so durchschnittlich sind?

Es gibt eine positive Resignation: Resignieren in einem solchen positiven Sinne wäre, wenn ich das Siegel auf dem Schriftstück meiner übertriebenen Erwartungen und Illusionen zurücknähme und dann einen Brief, ein Skript meines Lebens verfasse mit dem, was meinem Leben wirklich Sinn verleiht.

Reue – Schmerz der Seele

Das deutsche Wort »Reue« meint ursprünglich: traurig und betrübt sein. Das Wort beschreibt den seelischen Schmerz über etwas, das wir getan oder aber unterlassen haben. Im christlichen Bereich wird die Reue definiert als »Schmerz der Seele und Abscheu über die begangene Sünde mit dem Vorsatz, in Zukunft nicht mehr zu sündigen«. (Rahner, Reue 300) Zwei Aspekte sind hier wichtig: einmal der Schmerz der Seele über die Sünde und dann eine aktive Bereitschaft, etwas in meinem Verhalten zu ändern und besser zu machen. Dieses Bessermachen heißt in der christlichen Tradition Buße. Daher sind Reue und Buße immer miteinander verbunden. Die Tradition spricht von der Zerknirschung des Herzens. Man geht in sich und bereut seine Schuld. Das ist eher mit einem negativen, schmerzlichen Gefühl verbunden. Man macht sich Vorwürfe und zerfleischt sich mit Schuldgefühlen. Doch diese Zerknirschung soll zu einem neuen Verhalten führen. Echte Reue ist oft mit Tränen verbunden. Denn wenn mir wirklich aufgeht, wie tief ich den anderen mit meinem Verhalten verletzt habe, dann spüre ich einen starken Schmerz in meinem Herzen und dann ist das Weinen angemessener Ausdruck dieses inneren Schmerzes.

In der Reue ist immer auch ein aktives Nein zum alten Verhalten und der Wille, etwas in meinem Leben zu ändern und ein neues Verhalten an den Tag zu legen.

C.G. Jung hat in seiner Therapie Menschen getroffen, die sich in der Reue eingerichtet haben. Er meint, solche Menschen hätten den aktiven Aspekt der Reue vergessen, der darin besteht, das Leben zu ändern. Stattdessen bleiben sie in der Emotion der Reue stecken. Er bringt das Bild, dass manche sich in der Reue einrichten, so wie manch einer an einem kalten Wintermorgen lieber in der warmen Daunendecke liegen bleibt, anstatt aufzustehen. Eine so verstandene Reue ist dann ein Ersatz für das Leben. Man bereut zwar, aber zieht keine Konsequenz, man ändert nichts. Man genießt sogar die Selbstvorwürfe, die mit der Reue verbunden sind. Das ist dann eine Entschuldigung, nicht selber die Verantwortung für sein Tun zu übernehmen. Doch Reue im eigentlichen Sinn ist mehr als ein gemüthafter Schock, es ist nicht nur der Katzenjammer nach einem Versagen. In der Reue ist immer auch ein aktives Nein zum alten Verhalten und der Wille, etwas in seinem Leben zu ändern.

Die Reue will zu einer Umkehr führen. Doch manchmal hat die Reue auch eher den Charakter von Selbstbeschuldigung und Selbstbestrafung. Auch in dieser Selbstbestrafung kann man steckenbleiben – und nach kurzer Zeit das alte Verhalten fortsetzen. Eine solche nur emotionale Reue verfestigt sogar manchmal ein Fehlverhalten. Daher ist es wichtig, dass wir uns in der Reue nicht selbst zerfleischen, sondern uns von dem abwenden, was war, und uns mit Kraft dem neuen Verhalten zuwenden.

Außerhalb des christlichen Kontextes der Beichte spricht man heute durchaus auch in der Gesellschaft von Reue. Da verlangt man etwa von Terroristen, dass sie ihr Tun bereuen, weil man sich sonst nicht vorstellen kann, sie frei zu lassen. Hier wird Reue als klares Bekenntnis der eigenen Schuld verstanden. Man verbindet damit die Bereitschaft, sich bei den Opfern zu entschuldigen. Das ist dann ein Zeichen tätiger Reue. Reue ist die Abwendung vom vergangenen Handeln und Verhalten und die Bereitschaft, neu anzufangen. Insofern ist sie eine Emotion, die das Vergangene bearbeitet und loslässt, und die mich dann dazu bewegt, mich neu zu orientieren und ein neues Verhalten an den Tag zu legen.

Schadenfreude – Ein gesundes Gefühl

Wir genieren uns, wenn wir Schadenfreude empfinden. Schadenfreude gilt als etwas Unanständiges. Wir freuen uns insgeheim, wenn der andere einen Schaden erleidet, wenn bei ihm etwas schiefläuft, wenn er einen Fehler macht, wenn er sich vor anderen blamiert. Aber trotz aller Verurteilung der Schadenfreude spüren wir sie einfach, wenn wir Zuschauer einer für einen Bekannten peinlichen Situation werden.

Wenn ich meine Schadenfreude ansehe, wird sie zum Schlüssel zu meiner eigenen Seele.

Die Schadenfreude hat immer mit unserer Beziehung zu dem Menschen zu tun, der einen Schaden erleidet. In der Schadenfreude kommen die unterdrückten Aggressionen gegenüber dem anderen ans Licht. Normalerweise empfinden wir ja keine Schadenfreude, wenn einem guten Freund ein Schaden zustößt. Wenn wir aber den anderen als Rivalen sehen, dem wir Erfolg nicht gönnen oder dem wir den Status neiden, dann freuen wir uns insgeheim, dass ihm nicht alles gelingt. Und wenn der Pechvogel auch noch unrecht gehandelt hat, sein Unglück also die Gerechtigkeit wieder herzustellen scheint, dann freuen wir uns vielleicht sogar öffentlich.

Ein anderer Grund für die Schadenfreude liegt allerdings auch darin, dass der Schaden nicht uns trifft, sondern einen anderen. Wir spüren: Uns hätte das gleiche Missgeschick auch passieren können. Und freuen uns, dass der Schaden an uns vorübergegangen ist. Gott sei Dank hat es mich nicht erwischt. Das hilft uns gleichsam, Dampf abzulassen. Die Schadenfreude ist also so etwas wie ein Ableiten der eigenen Angst, dass uns das Gleiche widerfahren könnte, was dem anderen geschehen ist. Ich bin noch einmal davon gekommen. Es ist also ein Gefühl der inneren Freiheit und Befreiung – und insofern ist die Schadenfreude durchaus ein gesundes Gefühl.

Es kommt immer darauf an, wie wir mit der Schadenfreude umgehen, die in uns auftaucht, ob wir wollen oder nicht. Selbst gegenüber dem besten Freund kann gelegentlich Schadenfreude aufkommen, wenn er uns erzählt, was ihm widerfahren ist. Noch stärker aber wird die Schadenfreude in uns sein, wenn einem Menschen etwas gründlich misslingt, dem wir nicht gut gesonnen sind. Das erste Gefühl der Schadenfreude kann für uns durchaus eine Entlastung sein: Wir müssen den anderen gar nicht bekämpfen, das Schicksal ist ja schon gegen ihn. Aber unfair wird unsere Schadenfreude, wenn wir hämisch über den anderen lachen, uns über ihn lustig machen, ihn vor anderen zum Gespött machen. Dann wird unsere Reaktion zu einer Kränkung des anderen, wir machen ihn lächerlich. Der andere kann sich in seinem Missgeschick gegen unseren Spott kaum wehren. So üben wir auf unsere Weise subtil Macht über ihn aus – und oft genug erniedrigen wir ihn so.

Schadenfreude deckt vieles auf, was in meiner Seele verborgen ist, meine geheimen Aggressionen oder meinen Neid.

Dass die Schadenfreude in uns auftaucht, dafür können wir nichts. Das geschieht einfach. Aber wie wir damit umgehen, das ist unsere Entscheidung. Wir dürfen die Schadenfreude nie so ausagieren, dass wir den anderen damit verletzen und ihn vor anderen lächerlich machen. Wenn wir die Schadenfreude jedoch unterdrücken, dann äußern wir sie oft in einem Bedauern dem anderen gegenüber, das aber unehrlich klingt und den anderen oft noch mehr verletzt. Es geht darum, die Schadenfreude in sich wahrzunehmen, sie zuzulassen und sie in Dankbarkeit zu verwandeln, dass *mir* das Missgeschick nicht widerfahren ist. Wenn ich achtsam mit meiner Schadenfreude umgehe, dann kann sie sich in eine ehrliche Fürsorge für den anderen wandeln. Da ist die Freude, dass der andere Schaden erlitten hat. Aber da ist auch der Wunsch, dass der Schaden nicht allzu groß ist und ihm letztlich auf seinem Weg nicht schadet.

Wenn ich meine Schadenfreude ansehe, so wird sie zum Schlüssel zu meiner eigenen Seele. Sie deckt mir vieles auf, was in meiner Seele verborgen ist, meine geheimen Aggressionen oder meinen Neid. Und sie zeigt mir, dass ich mich letztlich immer mit anderen vergleiche. In der Schadenfreude fühle ich mich besser als der andere. Da kann ich mich über ihn stellen und habe dabei das Gefühl, dass ich besser oder disziplinierter als der andere lebe und dass mir so etwas nicht so leicht passieren kann. Doch wenn ich durch all diese Gedanken hindurchgehe, werde ich erkennen: Ich habe keine Garantie für mein Leben. Ich kann mich noch so absichern – auch mir kann ein Missgeschick widerfahren, auch ich kann Pech haben. So führt mich die Schadenfreude letztlich dahin, dankbar zu sein für mein Leben und dafür, dass Gott mich bisher vor großem Unheil bewahrt hat. Und nur wenn ich dankbar bin für mein eigenes Leben, werde ich fähig, auch für den anderen zu bitten, dass er mit seinem Missgeschick umgehen kann und dass Gott ihn schützen möge.

Scham – Schutz unserer Würde

Wir schämen uns, wenn wir einen Fehler begangen haben und uns wegen einer Unzulänglichkeit vor anderen bloßgestellt sehen. Wir schämen uns, wenn der andere unsere Blöße oder Nacktheit sieht. Und wir schämen uns, wenn uns jemand beschämt, wenn jemand uns unsere Würde nimmt. Scham kommt vom griechischen Wort »aidos« und meint die Scheu vor etwas Wertvollem, die Scheu vor Gott, aber auch die Ehrfurcht vor den Menschen, vor allem vor hochgestellten Menschen. Aber es gibt auch die Schamhaftigkeit, die vom griechischen Wort »aischyne« kommt. Und dann hat sie mit Schande zu tun. Das deutsche Wort Scham hängt mit Schande zusammen. Wir schämen uns, wenn wir für andere zur Schande geworden sind, wenn wir ein Ärgernis für sie sind, wenn sie sich für uns schämen müssen.

Adam und Eva in der Paradiesgeschichte der Genesis schämen sich, als sie erkennen, dass sie nackt sind. Von dieser biblischen Erzählung her wurde Scham dann oft mit der Sexualität verbunden. Wir schämen uns unserer Nacktheit, wir schämen uns für unsere Geschlechtsteile. Daher verhüllen wir sie. Wir gehen ehrfürchtig damit um, wollen sie anderen nicht zeigen. Doch Scham ist ein Gefühl, das nicht nur mit der Sexualität zusammenhängt. Sie bezieht sich auch auf ein fehlerhaftes Verhalten. Manche schämen sich für sich selbst, weil sie nicht so sind, wie sie gerne sein möchten. Andere schämen sich nur, wenn andere ihre Fehler und Schwächen sehen. Manche schämen sich auch für die Fehler anderer, mit denen sie sich verbunden fühlen. Scham kann ein Affekt sein, der uns erniedrigt. Wir sagen im Volksmund: Ich schäme mich in Grund und Boden. Das heißt: Ich möchte am liebsten im Boden versinken und für die anderen unsichtbar werden. Ich kann mich so, wie ich bin, mit diesem Fehlverhalten, selber nicht aushalten. Scham kann aber auch ein Schutz sein vor dem ganz Persönlichen, vor der intimen Sphäre meiner Person. Dazu gehört die Sexualität, aber auch meine inneren Geheimnisse. Ich fühle mich beschämt, wenn jemand das, was ich ihm im Vertrauen erzählt habe, anderen erzählt. Einem Menschen gegenüber, zu dem ich Vertrauen habe, kann ich alles, was in mir ist, zeigen. Aber wenn Menschen nur darauf aus sind, in meinen Schwächen zu wühlen, dann schäme ich mich, dann möchte ich mich vor ihnen schützen.

Wir schämen uns, wenn wir beschämt werden. Manchmal fühlen sich Kinder beschämt, wenn die Eltern vor den Verwandten erzählen, was sie getan oder gesagt haben, oder wenn sie über ihre Ängste und Verhaltensweisen vor anderen reden. Dann haben wir das Gefühl: Wir können uns nicht schützen. Über unser Innerstes wird geredet, und vor allem vor Menschen, vor denen wir das Innerste verbergen möchten. Da wird eine Grenze verletzt, die wir schützen möchten. Wir wollen nicht, dass alle uns ins Herz schauen können. Wir haben das Gefühl, dass wir ein Geheimnis

Es ist wichtig, dass wir unsere Scham anschauen und klären, wo sie uns gut tut und wo sie uns daran hindert, so zu leben, wie es unserem Wesen entspricht.

hüten, den heiligen Bereich unserer Person, unsere intimen Bereiche, nicht nur die Sexualität, sondern auch unsere ganz persönlichen Gefühle und Gedanken.

Wir fühlen uns beschämt, wenn wir die Erfahrung machen, dass ein anderer uns demütigt oder erniedrigt. Die tiefste Scham empfinden Kinder, die sexuell missbraucht werden. Die Scham verschließt sie vor anderen Menschen, und oft auch vor sich selbst. Scham ist dann die einzige Möglichkeit der Kinder, sich seelisch gegen den Missbrauch zu schützen, weil sie sonst innerlich zerbrechen würden. Doch die Scham kann dann auch lähmen. Und es ist gut, wenn die Kinder über ihre Schamgefühle sprechen können. Allerdings werden sie dann oft nochmals verletzt. Es braucht große Behutsamkeit, mit jemandem über seine Scham zu sprechen. Denn sie ist etwas so Kostbares und Zerbrechliches, mit dem man achtsam umgehen muss. Manchmal können die Opfer von sexuellem Missbrauch erst als Erwachsene über ihre Scham sprechen.

Wir schämen uns manchmal auch, wenn wir übertrieben gelobt oder in den Mittelpunkt der Aufmerksamkeit gestellt werden. Wir schämen uns, weil wir spüren, dass uns dieses Lob nicht zusteht. Es spricht auch etwas in uns an, was wir am liebsten verbergen möchten. Wir freuen uns zwar über unsere Fähigkeiten und darüber, dass unsere Fähigkeiten und unser Tun gesehen werden. Aber zugleich schämen wir uns, weil wir spüren, dass das nicht in die Öffentlichkeit gehört.

Die Psychologie hat erkannt, dass Scham ein wichtiges Gefühl für den Menschen ist. Die Scham schützt unsere Würde. Sie gibt uns ein Gefühl dafür, was für uns angemessen ist. Aber es gibt eben auch die Scham, die uns beschämt und die uns vom Leben abhalten kann. Wenn jemand sich für einen längst vergangenen Fehler schämt, dann fühlt er sich gelähmt. Die Scham blockiert ihn, sich jetzt dem Augenblick zuzuwenden. So ist es wichtig, dass wir unsere Scham anschauen und klären, wo sie uns gut tut und wo sie uns daran hindert, so zu leben, wie es unserem Wesen entspricht.

Schuldgefühl – Kraft der Vergebung

Wer dem Schuldgefühl auf die Spur kommen will, muss erst klären, was er unter Schuld versteht. Wenn wir uns fragen, was Schuld eigentlich meint, so kann uns das Wort selber helfen. Das deutsche Wort »Schuld« kommt von sollen, verpflichtet sein. Als Mensch habe ich bestimmte Verpflichtungen. Ich schulde mir, meinen Mitmenschen und Gott etwas. Ich werde schuldig, wenn ich mir selber, oder einem Menschen oder Gott oder der Schöpfung etwas schuldig bleibe, wenn ich mir, dem Nächsten oder Gott nicht das gebe, was ich ihnen schulde. Mir selbst schulde ich, dass ich mich annehme, dass ich gut mit mir umgehe, dass ich mir nicht schade, mich nicht durch ungesunde Lebensweise zugrunde richte. Ich schulde mir, dass ich die Möglichkeiten entfalte, die Gott mir geschenkt hat, dass ich mein inneres Wesen, meine einmalige Person auch lebe, dass ich ich selber bin und nicht andere kopiere. Dem Nächsten schulde ich, dass ich ihn achte und ihn so nehme, wie er ist, dass ich ihn leben lasse, ihm den Raum gewähre, den er braucht, er selbst zu sein. Und oft genug schulde ich ihm Hilfe, wenn er sich selbst nicht helfen kann. Gott schulde ich, dass ich Ja sage zu mir selbst, so wie er mich geschaffen hat, Ja sage zu meinem Wesen, das nur zur Erfüllung kommt, wenn es sich nach Gott ausstreckt. Und ich schulde Gott, dass ich seine Schöpfung achte, in die er mich gestellt hat, um sie zu hegen und zu pflegen.

Es ist oft nicht so leicht zu erkennen, wo meine wirkliche Schuld liegt. Schuldgefühle zeigen nicht immer reale Schuld an.

Von der Psychologie C.G. Jungs her könnten wir Schuld als Spaltung verstehen. Ich werde schuldig, wenn ich mich innerlich spalte, wenn ich mich weigere, meine Wirklichkeit anzuschauen, wie sie ist, wenn ich verdränge, was mir unangenehm ist, wenn ich bewusst wegschaue, wenn mir mein Gespür etwas sagen will. Schuld hat hier etwas mit Blindheit zu tun. Ich verschließe die Augen vor meiner Wirklichkeit und vor der Wirklichkeit des anderen. Ich identifiziere mich so sehr mit den Bildern, die ich mir von mir und von anderen gemacht habe, dass ich blind werde für die Wirklichkeit. Unsere eigentliche Schuld liegt oft nicht dort, wo wir ein Gebot übertreten. Wenn junge Menschen im Beichtstuhl bekennen, dass sie gesündigt haben, weil sie freitags Fleisch gegessen haben oder weil sie mit den Eltern gestritten haben, dann spüre ich genau, dass das nicht ihre wirkliche Schuld ist. Ich versuche dann, den Beichtenden zu fragen, wo er sich selbst verfehlt, wo er an sich vorbei lebt. Manchmal wird das schon an seinem Leib sichtbar. Wenn einer sich krampfhaft an seinen Schultern festhält, dann spüre ich: seine Schuld liegt nicht darin, dass er Fehler macht, sondern dass er kein Vertrauen hat, das ihn trägt, dass er sich nicht in Gott hinein loslässt. Meine eigentliche Schuld liegt dort, wo ich mich weigere, meine Menschlichkeit anzunehmen, meine Lebensgeschichte, meine Fähigkeiten und meine Grenzen, wo ich Gott ständig Vorwürfe mache, dass ich nicht so bin, wie ich sein möchte. Die Schuld besteht in der Spaltung zwischen dem, was ist, und was ich möchte, zwischen dem, was Gott mir zutraut, und dem, was ich als fixe Idee verfolge und womit ich ständig gegen die Wand renne. Es ist oft nicht so leicht zu erkennen, wo meine wirkliche Schuld liegt. Aber nur wenn ich mir die Mühe mache zu sehen, wo ich an mir und meiner Wirklichkeit vorbei lebe, wo ich mich in das Korsett meiner Ideen hineinzwänge, kann ich umkehren und so leben, dass mein Leben gelingt, dass es heil wird und ganz.

Und wie verhält es sich mit den Schuldgefühlen? Schuldgefühle zeigen nicht immer reale Schuld an. Oft sind sie vielmehr Ausdruck mangelnder Klarheit und mangelnden Selbstvertrauens. Viele fühlen sich schuldig, weil das eigene Über-Ich sie anklagt. Sie haben die Gebote und Werte der Eltern so verinnerlicht, dass sie sich nur mit Schuldgefühlen davon befreien können. Eine junge Frau, die als Kind von ihrer Mutter ständig zur Arbeit angetrieben worden ist, fühlt sich schuldig, wenn sie sich einmal ausruht und sich etwas gönnt. Manche fühlen sich schuldig, wenn sie die Erwartungen des Ehepartners, des Freundes, des Arbeitskollegen, nicht erfüllen können. Andere verurteilen sich schon als schuldig für die Gefühle von Hass und Neid, die in ihnen hochkommen. Sie bestrafen sich durch Schuldgefühle, wenn sie Aggressionen in sich wahrnehmen. Statt die Aggression anzuschauen und in ihr Lebenskonzept zu integrieren, richten sie sie gegen sich selbst. Die Aufgabe der Psychologie und auch einer guten Seelsorge besteht darin, zwischen Schuldgefühlen und echter Schuld zu unterscheiden. Wenn ich mich durch Schuldgefühle selbst bestrafe, komme ich meistens nicht weg von einem Fehlverhalten. Ich muss hinter der Schuld meine Bedürftigkeit und meine eigene Verletzung wahrnehmen, dann kann ich lernen, kreativer mit meiner Schuld umzugehen. Ich entziehe ihr den Boden, auf dem ich mich immer wieder schuldig mache. Ich lerne neues Verhalten, das mir selbst guttut.

Die eine Gefahr ist, sich durch Schuldgefühle in seinem Fehlverhalten festzuhalten. Die andere Gefahr besteht darin, dass ich meine Schuldgefühle verdränge und sie auf andere projiziere. Das ist heute ein weit verbreiteter Mechanismus. Man sucht sich gleichsam einen Sündenbock, auf den man alle seine Schuld auflädt. Dann wird der Sündenbock geschlachtet. Aber das befreit mich nicht von meinen Schuldgefühlen. So muss ich mir den nächsten Sündenbock aussuchen. Um aus diesem Teufelskreis herauszukommen, wäre wichtig, sich seine eigene Schuld nüchtern einzugestehen und zugleich darauf zu vertrauen, dass Gott mir meine Schuld vergibt. Aber genauso wichtig ist auch, sich selbst die Schuld zu vergeben. Das gelingt allerdings nur, wenn ich Abschied nehme von dem Idealbild, das ich in mir trage: dem Idealbild, dass ich mein Leben lang mit einer weißen Weste herumlaufe. Ob wir wollen oder nicht, wer werden immer wieder schuldig. Entscheidend ist, dass wir von unserer Schuld wegschauen auf die Barmherzigkeit Gottes und dass wir unsere Schuld benutzen, um selbst barmherzig mit anderen Menschen zu sein, anstatt sie zu richten und unsere Schuld auf sie zu projizieren.

Oft sind Schuldgefühle auch Ausdruck mangelnder Klarheit und mangelnden Selbstvertrauens.

Tomi Ungerer, der berühmte Karikaturist aus dem Elsass, wurde in einem Interview gefragt, ob er noch gläubig sei. Er verneinte es. Aber er würde jeden Abend beten. Das sei für ihn ein Bedürfnis. Und dann kommt er auf die Vergebung zu sprechen: »Selbst wenn Christus nicht der Sohn Gottes ist – das ist doch eine verdammte Revolution: das Vergeben. Mein Gott, das Vergeben! Das ist das Beste, was wir tun können in dieser menschlichen Komödie.« Statt uns selbst zu beschuldigen, sollten wir uns vergeben. Und statt die Schuld, die andere uns gegenüber auf sich laden, vor uns herzuschieben und sie mit Hass und Härte zu beantworten, sollten wir sie vergeben. Denn in unserem menschlichen Miteinander – das Ungerer eine Komödie nennt – gibt es keinen besseren Weg, um im Frieden miteinander leben zu können, als zu vergeben. Aber diese Fähigkeit zu vergeben ist in unserer Seele oft verschüttet durch einen inneren Widerstand gegen Vergebung. Wir haben in uns eine tiefe Überzeugung, dass alles bezahlt werden muss, auch die Schuld. Da braucht es heilende Bilder, um den tief in unserem Unbewussten liegenden Widerstand gegenüber der Vergebung zu überwinden. Wenn Jesus am Kreuz selbst seinen Mördern vergibt, dürfen wir darauf vertrauen, dass es nichts in uns gibt, was nicht auch von Gott vergeben wird und was wir uns selbst vergeben dürfen. Indem wir Bilder der Vergebung, wie sie uns Jesus vorgelebt und in seinen Gleichnissen vor Augen führt, in uns einbilden, werden wir fähig, an die Vergebung zu glauben und uns selbst und einander zu vergeben.

Sehnsucht – Spannung und Tiefe

Sehnsucht war das besondere Daseinsgefühl der Romantik. Die Romantiker sehnten sich nach Heimat und Geborgenheit, nach Liebe und Glück. Auch heute erfüllt viele Menschen eine unstillbare Sehnsucht. Sehnen kommt von »liebend verlangen, sich härmen«. Es hat mit Schmerz zu tun. Aber es ist ein süßer Schmerz. Denn der Mensch fühlt sich in der Sehnsucht durchaus lebendig. Er spürt, dass die Sehnsucht etwas ist, was ihn über diese Welt hinaus führt. Sehnsucht ist nicht die Suche nach etwas. Sie hat vielmehr mit Sucht, in der Wortbedeutung von siech und krank, zu tun. Man fühlt sich krank vor Sehnsucht, so wie man sich vor Liebe krank fühlt. Die Sehnsucht ergreift nicht nur das Herz, sondern auch den ganzen Leib. Man spürt mit dem ganzen Leib die Sehnsucht in sich.

Im Lateinischen heißt Sehnsucht »desiderium«. Das kommt von den »sidera = Sterne«. Sehnsucht ist also der Weg, die Sterne auf die Erde zu holen. Hier in meinem Herzen spüre ich die faszinierende Wirkung der Sterne, die meine Sehnsucht nach dem Himmel und nach der unendlichen Schönheit Gottes anstacheln. Die Sehnsucht bringt den Himmel auf die Erde. Sie schafft in mir den Raum der Weite und des Himmels.

Für den hl. Augustinus ist die Sehnsucht das Grundexistential des Menschen. Jeder Mensch sehnt sich im Grunde nach Gott, nach Geborgenheit, nach Liebe, nach wahrer Heimat, nach Echtheit und Freiheit. Gott selbst hat uns die Sehnsucht nach ewiger Gemeinschaft mit ihm ins Herz gelegt. Ob wir wollen oder nicht, in allem, wonach wir leidenschaftlich suchen, sehnen wir uns letztlich nach Gott. Wenn wir mit allen Kräften nach Reichtum aus sind, so wird der Besitz unsere Sehnsucht nicht erfüllen. In der Suche nach Reichtum steckt die Sehnsucht nach Ruhe, dass wir endlich zur Ruhe kommen können. Aber das Fatale ist, dass der Besitz uns besessen macht, dass er uns noch mehr in die Unruhe treibt.

Wenn wir nach Erfolg streben, so steckt dahinter letztlich die Sehnsucht, wertvoll zu sein. Aber wir wissen zugleich, dass kein Erfolg unsere Sehnsucht zu stillen vermag. Wir erfahren unseren göttlichen Wert erst in Gott. Jeder Mensch sehnt sich im *Bei allen Menschen pocht eine Sehnsucht nach mehr, nach dem ganz anderen, nach dem, der allein genügt.*

Grunde danach, geliebt zu werden und selber zu lieben. Wir brauchen nur in der Zeitung zu lesen, um zu entdecken, wie viele solcher Sehnsüchte unbefriedigt bleiben oder in Einsamkeit und Verzweiflung enden. Aber dennoch steckt in jeder kleinen Liebe eine Sehnsucht nach absoluter Liebe, die Sehnsucht nach Gott. Der hl. Augustinus hat das in das berühmte Wort gefasst: »Unruhig ist unser Herz, bis es Ruhe findet in Dir, mein Gott.« Der Mensch ist erfüllt von einem unstillbaren Hunger nach Gott, nach absoluter Heimat, nach Geborgenheit, nach dem verlorenen Paradies. Auch wenn nach außen hin das menschliche Verlangen auf andere Ziele geht, so ist das letzte Ziel immer Gott. Selbst bei Menschen, die sich von Gott abgewandt haben, pocht eine Sehnsucht nach mehr, nach dem ganz anderen, nach dem, der allein genügt.

Das Fatale ist, dass Menschen, die alles erreicht haben, wonach sie sich sehnen, oft von einem Gefühl innerer Leere heimgesucht werden. Der Medizinphilosoph und Psychotherapeut Stanislav Grof sagt einmal: »Der eine mag zum Fußballer des Jahres ernannt werden, der andere summa cum laude promovieren, das Herz des perfekten Partners gewinnen oder so viel Geld verdienen, dass er oder sie den schon immer erstrebten

Lebensstil finanzieren kann.« Doch inmitten all der Fülle bleibt die innere Leere und die Sehnsucht nach etwas ganz anderem wird sogar noch größer. Nichts Irdisches, kein Erfolg, kein geliebter Mensch kann unsere innere Unruhe beruhigen. Augustinus hat Recht. Wir werden erst zur Ruhe kommen, wenn wir unsere Sehnsucht auf Gott richten, wenn wir Gott in uns finden als die innere Quelle, die nie versiegt, als die Geborgenheit und Heimat, aus der wir nie heraus geworfen werden, als die Liebe, die sich nie auflöst und uns zwischen den Fingern zerrinnt.

Wohl jeder Mensch sehnt sich danach, zu lieben und geliebt zu werden. Die Liebe ist immer schon mit Sehnsucht verbunden. Es gibt keine Liebe ohne Sehnsucht. Der Therapeut Peter Schellenbaum hat in seinem Buch »Die Wunde des Ungeliebten« die enge Verbindung von Liebe und Sehnsucht beschrieben. Er meint darin, dass wir Liebe und Sehnsucht an der gleichen Körperstelle lokalisieren, »nämlich mitten in der Brust auf der Höhe des Herzens, da, wo die an Liebe und Sehnsucht Leidenden ihre Hände hinpressen«. Gerade die Sehnsuchtsspannung macht die Liebe wertvoll und erfüllt sie mit einer unergründlichen Tiefe. Größtes Liebesglück und unsägliches Sehnsuchtsleid liegen eng nebeneinander. Die Liebe weist immer schon über sich hinaus. In ihr sehnen wir uns nach absoluter und bedingungsloser, letztlich nach göttlicher Liebe.

Auch die Liebe wird gerade in der Sehnsucht wertvoll und erfüllt mit einer unergründlichen Tiefe.

Sorge – Vertrauen auf Gottes Segen

Nach Martin Heidegger ist der Mensch wesentlich einer, der sich sorgt. Das Dasein ist Sorge. In der Welt sein heißt, sich um sich und seine Existenz sorgen, besorgt sein um sich und für sich selbst sorgen. Die Sorge macht den Menschen unruhig und lässt ihn nirgends ausruhen. Sein ganzes Dasein ist von der Sorge für sich selbst bestimmt. Solange er lebt, gehört er der Sorge. Die Sorge treibt uns an, zu arbeiten, den Lebensunterhalt zu verdienen, die Zukunft abzusichern, den Besitz zu mehren, damit wir endlich einmal ruhig und sicher leben können.

Das griechische Wort für Sorge »merimna« meint das sorgende oder besorgende Sichkümmern um etwas, das Aussein auf etwas, die bange Erwartung von etwas, die Angst vor etwas. Oft hat es auch die Färbung von Bekümmernis, Leid über etwas. Die Griechen sprechen von den quälenden *Die Zukunft liegt in Gottes Hand. Wir dürfen sie immer wieder dem Segen Gottes anvertrauen.*

und plagenden Sorgen, denen der Mensch unterworfen ist. Seine Sorge hat immer mit der Angst zu tun. Sie ist Handeln aus Angst, »praktizierte Angst ums Dasein« (Ulrich Luz). Das deutsche Wort »Sorge« hat zwei verschiedene Bedeutungen. Es kann Kummer, Gram und Krankheit bedeuten. Auch das russische Wort »soroga« ist wohl mit der Sorge verwandt. Soroga aber meint den mürrischen Menschen. Wer von Sorgen verzehrt wird, wer sich von Gram und Sorgen zu sehr bedrücken lässt, der wird mürrisch und unzufrieden. Das deutsche Wort »sorgen« kann aber auch bedeuten: für etwas sorgen, dafür sorgen, dass etwas besser wird, dass jemand versorgt ist. In diesem Sinn gibt es die Fürsorge für andere Menschen und die Vorsorge für das Alter.

Es gibt fürsorgliche Menschen, die sich darum sorgen, dass es anderen gut geht. Aber es gibt eben auch Menschen, die nachts nicht schlafen können, weil sie sich zu viele Sorgen machen. In diesem Sinn hat Jesus Marta getadelt: »Marta, Marta, du machst dir viele Sorgen und Mühen.« (Lk 10,41) Marta macht sich Sorgen, dass Jesus und seine Jünger genügend zu essen haben. Aber in ihrer Sorge wird sie hart und verurteilend gegenüber ihrer Schwester, die einfach zuhört, was Jesus zu erzählen hat. Lukas beschreibt die Sorgen der Marta in zwei Worten: »merimnas kai thorybaze«. Man könnte übersetzen: Du zerbrichst dir zuviel den Kopf darüber, ob wir genügend zu essen haben. Und du bringst dich selbst durcheinander, du verwirrst dich, du steigerst dich in eine Hektik und Unruhe hinein, die uns Gästen nicht gut tut. Marta meint es gut mit ihrer Fürsorge. Aber ihre Fürsorge wird zur Sorge und Unruhe, die sie selber quält und die dann auch den andern auf die Nerven geht. Neben einem sorgenden Menschen in diesem Sinn fühlt man sich nicht wohl. Da ist nicht die Fürsorge als Ausdruck von Liebe erfahrbar, sondern die Unruhe und Angst, die sich der Gastgeber macht, damit die Gäste ja zufrieden sind.

Es ist verständlich, dass der Mensch sich ängstlich um sein Leben und seine Zukunft sorgt. Denn sein Dasein in dieser Welt ist gefährdet. Aber die Ungesichertheit seiner Existenz soll ihn nicht in die ängstliche Sorge treiben. In diesem Sinn fordert Jesus uns auf: »Sorgt euch nicht um euer Leben und darum, dass ihr etwas zu essen habt, noch um euren Leib und darum, dass ihr etwas anzuziehen habt.« (Mt 6,25) Ängstliches Sorgen verdunkelt den Geist. Wenn ich dagegen auf Gott vertraue, werde ich zwar für meine Zukunft sorgen. Aber ich werde nicht unvernünftig handeln. Die Angst treibt mich zu unsinnigen Ausgaben und Absicherungen, das Vertrauen dagegen lässt mich bewusst im Augenblick leben, achtsam und sorgfältig. Daher schließt Jesus sein Gedicht über die Sorglosigkeit: »Sorgt euch also nicht um morgen; denn der morgige Tag wird für sich selbst sorgen.« (Mt 6,34) Natürlich ist das immer eine Gratwanderung. Eine Mutter kann die Sorge um ihre Kinder nie ganz loslassen. Die Sorge wird in ihr auftauchen. Und der Vater wird sich sorgen um die finanzielle Absicherung der Familie. Aber zugleich sollen sich Vater und Mutter von ihrer Sorge daran erinnern lassen, dass die Zukunft ihrer Familie in Gottes Hand liegt und dass sie daher die Kinder und die eigene Zukunft immer wieder dem Segen Gottes anvertrauen dürfen.

Staunen – Anfang der Weisheit

*D*as deutsche Wort »staunen« kommt von »stauen«. Wenn ich vor einem faszinierenden Sonnenuntergang stehe, dann staut sich in mir etwas an – und ich bleibe stehen. Die Eindrücke von außen dringen in mich ein. Ich staune über das Wunder dessen, was ich schauen darf. Das griechische Wort für »Staunen« ist »thaumazein«, das man auch übersetzen kann mit: sich wundern. Staunen hat mich dem Wunder zu tun, das mich ergreift. Das Wunder bringt mich zum Staunen.

Staunen, so sagen die Alten, ist der Beginn jeder Philosophie. Ich bleibe einfach stehen, schaue mir an, was ich sehe, und versuche, das Geheimnis zu erahnen. Ich staune über das, was ich erfahre, und möchte es tiefer erfassen. Das, was ich anstaune, möchte ich verstehen. Das ist der Anfang des Philosophierens. Staunen heißt auch: vor Schrecken erstarren, zittern.

Das, was mich fasziniert, erschreckt mich zugleich. Es geht mir unter die Haut. Und ich lasse mich betreffen von dem, was von außen mich trifft.

Im Staunen sind wir ganz in unseren Sinnen, im Schauen und im Hören.

Die Bibel kennt dieses staunende Erschrecken vor der Herrlichkeit Gottes, vor der Schönheit des Tempels. So ist das staunende Erschrecken auch der Beginn echter Theologie. Denn die Theologie will nichts anderes, als die mit diesem staunenden Erschrecken verbundene Gotteserfahrung in Worte zu fassen und zu erklären.

Staunen ist eine gehobene Emotion, eine Emotion, die mich innerlich weitet. Sie drückt sich körperlich aus, indem mir buchstäblich der Mund offen bleibt. Ich kann nichts sagen, ich bin einfach nur getroffen. Das Staunen kann aber auch zum Erstarren führen. Alle Sinne in mir fixieren sich auf das, was ich erlebe. Ich selber bleibe unbeweglich. Aber diese scheinbare Erstarrung hat nichts mit Leblosigkeit zu tun, sondern ist im Gegenteil Ausdruck höchster Spannung und Lebendigkeit.

Kinder können noch staunen. Sie bleiben staunend vor dem Lichterglanz eines geschmückten Christbaums stehen, mit offenem Mund und aufgerissenden Augen. Ja, sie sind ganz und gar Auge. Als Erwachsene sind wir fast neidisch auf dieses Staunenkönnen der Kinder. Denn wir haben das Staunen oft schon verlernt. Wir sind abgebrüht und lassen uns von nichts mehr in Erstaunen setzen. Doch für, der nicht mehr staunen kann, wird das Leben arm. Es hat keine wirklichen inneren Höhepunkte mehr. Das Staunen ist die Emotion, die uns bis in den Grund unserer Seele hinein anrührt und uns ganz und gar an diesen einen Augenblick bindet. Im Staunen sind wir ganz in unseren Sinnen, im Schauen und im Hören. Und indem wir schauen, wollen wir tiefer schauen, wollen wir eindringen in den Grund allen Seins.

Indem wir staunen, wollen wir tiefer schauen, wollen wir eindringen in den Grund allen Seins.

Stolze Zufriedenheit –
Bestätigt im eigenen Wert

In der frühen Kirche wurde Stolz als eine der sieben Todsünden bezeichnet. Thomas von Aquin nennt die *superbia* sogar eine Wurzelsünde: als ungeordnetes Streben nach eigenem Herausragen. Man verstand Stolz weniger als Ausdruck der Selbstachtung, sondern rückte ihn in die Nähe von Hochmut oder setzte ihn gleich mit selbstbezogener Überheblichkeit oder Geltungssucht. Doch die deutsche Sprache versteht unter Stolz etwas anderes. Sie kommt so dieser Emotion näher.

Schon die Wortwurzel zeigt: Stolz meint ursprünglich etwas Besonderes und Herausgehobenes, etwas, was auch einen besonderen Wert anzeigt. Stolz kommt von Stelze und meint einen Menschen, der aufgerichtet ist wie eine Stelze, der »stattlich, prächtig, hochgemut« ist. Gemeint ist ursprünglich also ein gehobenes Selbstwertgefühl, Freude über die eigene Begabung und über das, was mir gelungen ist. Ich kann auch stolz sein auf meine Eltern oder auf meine Kinder und deren Leistungen, auf meine Heimatgemeinde oder auch auf das Vaterland. Ich kann mich in dem Licht der Bestätigung oder eines Wertes, mit dem ich mich identifiziere oder den ich teile, »sonnen« und wärmen. Das ist durchaus etwas Positives. Von der Psychologie her kann man sagen, dass Stolz durchaus ein elementarer Ausdruck menschlichen Glücks ist.

Aber Stolz ist auch ambivalent. Die asketischen Bücher haben mit Stolz bezeichnet, was die Kirchenväter mit verschiedenen Begriffen beschrieben haben. Stolz ist eigentlich der unabhängige Mensch, dessen Selbstwertgefühl nicht von der

Anerkennung anderer abhängt. Das ist die positive Seite. Doch wer sich ständig nur von anderen her definiert, der ist vom Laster der Ruhmsucht oder der Eitelkeit bestimmt. Und dann wird Stolz zu einem der acht Laster, von denen auch der alte Mönchspsychologe Evagrius Ponticus spricht. Die Lateiner sprechen von »vitium«, das meint eine Gefährdung der menschlichen Seele. Aber zugleich steckt im Wort »vitium« auch »vis« = Kraft. Es geht darum, im Laster der Ruhmsucht die positive Kraft zu entdecken, die uns antreibt, sorgfältig und gut zu arbeiten und uns für andere zu engagieren. Eine andere Weise des »Lasters« Stolz ist der Neid. Er besteht darin, sich mit anderen zu vergleichen. Ruhmsucht und Neid sind zwei Facetten des Stolzes. Die dritte ist die Hybris. Sie ist das Gefühl der Überlegenheit über andere. Doch die Hybris kommt oft aus einer Angst vor der eigenen Wahrheit. Man ist blind für die eigene Wirklichkeit und identifiziert sich lieber mit hohen Idealbildern. Hybris ist die Weigerung, die eigene Menschlichkeit in ihrer Begrenztheit anzunehmen. Sie ist die eigentliche Gefährdung des Menschen: Der Mensch maßt sich etwas an, was letztlich nur Gott zusteht. Er stellt sich über die anderen.

Wir machen uns selbst nicht klein. Aber zugleich wissen wir, dass das, worauf wir stolz sein können, immer auch Geschenk ist.

Wenn ich von stolzer Zufriedenheit schreibe, meine ich die positive Seite des Stolzes. Ich bin stolz auf das und zufrieden mit dem, was ich geleistet habe. Dieses Gefühl schenkt mir Dankbarkeit für mein Leben und innere Ruhe. Aber die stolze Zufriedenheit ist immer auch gefährdet durch eine satte Zufriedenheit, die nichts mehr hinterfragt. Die satte Zufriedenheit weigert sich, weiterzugehen. Zum Wesen des Menschen gehört aber, dass er immer auf dem Weg ist, immer weiter suchen soll, was seine eigentliche Wirklichkeit ist und welche Möglichkeiten in ihm stecken. Und zu seinem Wesen gehört, dass er unaufhörlich nach Gott sucht. So versteht der hl. Benedikt den Mönch als einen, der sein Leben lang Gott sucht. Die satte Zufriedenheit bleibt einfach stehen. Sie lässt sich auch von niemandem wirklich bewegen. Die Moraltheologen bezeichnen diese Haltung dann als Verhärtung im Guten. Man hat etwas geleistet, etwas Gutes getan, aber darauf ruht man sich aus – und verliert so die Lebendigkeit und innere Spannkraft.

Wir dürfen die stolze Zufriedenheit genießen, aber wir sollen in ihr zugleich offen sein für das, was Gott uns täglich sagen, wo er uns herausfordern und zu einer Aufgabe berufen möchte. Stolze Zufriedenheit über ein gelungenes Werk, über einen guten Tag, über eine schöne Feier verschafft uns innere Ruhe und Dankbarkeit. Wir halten inne und genießen, was war. Und wir sind dankbar, dass alles so gut gelungen ist. Aber wir sind auch dankbar für das, was Gott uns selbst an Fähigkeiten geschenkt hat. Wir sind stolz, dass es uns zum Beispiel gelungen ist, die Menschen beim Fest in eine gute und fröhliche Stimmung zu bringen. Wir haben auch unseren Anteil am Gelingen. Wir machen uns selbst nicht klein. Aber zugleich wissen wir, dass das, worauf wir stolz sein können, immer auch Geschenk ist. Und es ist uns bewusst, dass wir uns auf dieser Zufriedenheit nicht ausruhen können. Wir sollen innehalten, um das, worauf wir stolz sind, zu genießen. Aber dann sollen wir auch wieder weitergehen. Wir bleiben nur lebendig, wenn wir weitergehen, weiter suchen und weiter nach dem streben, wohin uns das Herz, und wohin uns unsere letzte Sehnsucht treibt.

Trauer – Verwandlung in neue Lebendigkeit

Bei einem Kurs für verwaiste Eltern erzählte mir eine Mutter, die ihre Tochter durch einen Verkehrsunfall verloren hatte, sie fühle sich in ihrer Trauer wie eine Aussätzige. Frühere Bekannte und Freunde würden die Straßenseite wechseln. Sie entschuldigte die Freunde: Vielleicht seien sie hilflos und wüssten vermutlich nicht, was sie zu ihr in ihrer Trauer sagen sollten. Aber dieses Entschuldigen der anderen war nur eine Beschwichtigung, um ihr Alleingelassensein nicht aushalten zu müssen. Als sie über das Ausweichen der Freunde nachdachte, spürte sie schmerzlich: Meine Trauer darf nicht sein. Ich störe die anderen mit meiner Trauer. Sie wollen einfach normal weiterleben. Sie wollen meine Trauer nicht. Und so wollen sie letztlich mich nicht. Denn ich kann momentan ohne Trauer nicht sein.

Die Trauer wird nur gelingen, wenn ich bereit bin, meine Vorstellungen, die ich mir von mir selbst, von meinem Leben und von Gott gemacht habe, zerbrechen zu lassen.

Wenn ein lieber Mensch stirbt, dann stürzt mich die Trauer in ein Gefühlschaos. Es ist der Schmerz über den Verlust des lieben Menschen. Am Anfang möchte ich es gar nicht wahrhaben, dass ich mit dem verstorbenen Vater, der verstorbenen Mutter, dem Freund, dem Kind nicht mehr sprechen kann. Ich verdränge die Trauer. Wenn ich sie zulasse, dann habe ich das Gefühl, den Boden unter den Füßen zu verlieren. Ich kenne mich nicht mehr aus. Auch der Glaube trägt nicht. Zumindest nimmt er mir den Schmerz nicht. Die Trauer ist von verschiede-

nen Gefühlen geprägt. Zunächst ist der Schmerz im Vorder-
grund. Es ist ein unsagbarer Schmerz, diesen lieben Menschen
verloren zu haben und von ihm für immer Abschied nehmen
zu müssen. In den Schmerz mischt sich das Gefühl von Sinn-
losigkeit. Wenn dieser Mensch, der mir soviel bedeutet hat,
nicht mehr ist, dann weiß ich nicht, was ich mit meinem
Leben noch soll.

Doch in den Schmerz und in die Trauer mischen sich auch
andere Gefühle. Indem ich Abschied nehme von diesem Menschen, wird mir meine Beziehung zu ihm bewusst. Und diese
Beziehung war nicht nur klar und liebevoll und harmonisch.
Da gab es auch Konflikte. Da gab es Missverständnisse und Verletzungen. Wenn ich daran denke, dann kommt auch Wut hoch.
Doch die darf ich mir gar nicht erlauben. Denn ich muss ja
Schmerz empfinden. Aber die Trauerarbeit bedeutet immer
auch, dass ich mir der Beziehung zum Verstorbenen bewusst
werde, dessen, was ich ihm verdanke, was er mir bedeutet, aber
auch dessen, was mir mit ihm schwer gefallen ist und was mich
verletzt hat. Trauerarbeit heißt immer auch, meine Beziehung
zum Verstorbenen zu klären und Unaufgearbeitetes nochmals
zu bearbeiten, um es dann loslassen zu können.

Neben der Wut und dem Schmerz kommen bei der Trauerarbeit auch Schuldgefühle hoch. Es tut mir leid, dass ich dem
Verstorbenen nicht genügend gesagt habe, dass ich ihn liebe,
was er mir bedeutet. Ich habe ihm nicht gedankt. Ich habe
nicht angemessen Abschied genommen. Und ich erinnere mich
an die Verletzungen, die ich ihm zugefügt habe. Eine Frau war
voller Schuldgefühle, weil das letzte Wort, das sie mit ihrem
Mann gesprochen hat, ein Streit war. In der Nacht nach dem
Streit ist der Mann plötzlich und unerwartet gestorben. Es ist
wichtig, auch die Schuldgefühle anzuschauen, sie Gott hinzuhalten und zu vertrauen, dass Gott mir meine Schuld vergibt.
Und ich stelle mir vor, dass der Verstorbene jetzt bei Gott ist. Er

ist im Frieden. Er macht mir keine Schuldvorwürfe. Er hat mir vergeben. Also soll ich mir auch selbst vergeben. Der Verstorbene möchte nicht, dass ich ständig um meine Schuldgefühle kreise. Er möchte, dass ich lebe.

Ich trauere aber nie nur um den verstorbenen Menschen. Der Tod eines lieben Menschen fordert mich heraus, meine zerplatzten Lebensträume zu betrauern. Denn mein Leben, so wie ich es mir vorgestellt habe, an der Seite meines Mannes, meiner Frau, gemeinsam mit meinem Vater und meiner Mutter, gemeinsam mit meinem Kind, ist durch den Tod jäh in Frage gestellt worden. Meine Vorstellungen vom Leben sind zerbrochen. Ich muss mich also selbst betrauern. Denn mein Leben geht nicht mehr so weiter, wie ich mir das gewünscht habe. Oft erinnert mich der Tod eines lieben Menschen auch an das eigene ungelebte Leben. So ist die Trauer immer auch Trauer über das bisher nicht gelebte Leben.

Margarete Mitscherlich hat in ihrer Bearbeitung des Trauerthemas festgestellt, dass wir in unserem Leben viel zu betrauern haben. Ich soll die zerplatzten Lebensträume betrauern, die verpassten Chancen, die Durchschnittlichkeit meiner selbst, die Durchschnittlichkeit meiner Begabung, die Durchschnittlichkeit meiner Ehe, meiner Familie, meiner Gemeinschaft. Wer die Trauer verweigert, der erstarrt innerlich. Betrauern heißt, dass ich durch den Schmerz über meine verpassten Chancen und zerbrochenen Träume hindurchgehe und in den Grund meiner Seele gelange. Im Grund meiner Seele komme ich dann in Berührung mit neuen Möglichkeiten meiner selbst und meines Lebens. Ich spüre unterhalb des Schmerzes einen inneren Frieden und meine wahre Identität. Wenn ich mich weigere, in der Trauer durch den Schmerz hindurchzugehen, dann wähle ich zwei andere Möglichkeiten der Reaktion auf die Verlusterfahrung. Ich jammere und kreise dann immer um mein Selbstmitleid. Statt die Durchschnittlichkeit meiner Ehe zu betrauern, jammere ich, dass die Liebe verblasst ist, dass alles so alltäglich und banal geworden ist. Ich schwimme gleichsam immer im Selbstmitleid und komme keinen Schritt voran. Oder aber ich klage an. Ich klage meine Partnerin an. Sie ist schuld, dass unsere Ehe so schlecht läuft. Oder ich klage den Arbeitgeber an. Der ist schuld, dass mein beruflicher Traum geplatzt ist. Im Jammern und im Klagen gehe ich nicht durch den Schmerz hindurch, sondern bleibe an der Oberfläche. Es entsteht keine Entwicklung, keine Verwandlung der Trauer in neue Lebendigkeit.

Die Trauer wird nur gelingen, wenn ich bereit bin, meine Vorstellungen, die ich mir von mir selbst, von meinem Leben und von Gott gemacht habe, zerbrechen zu lassen. Für mich gibt es nur die Alternative: Entweder ich lasse meine Vorstellungen zerbrechen, dann werde ich durch die Trauer aufgebrochen zu neuen Lebensmöglichkeiten. Oder aber ich halte an meinen Vorstellungen vom Leben fest. Dann werde ich zerbrechen an dem Tod eines lieben Menschen. Eine Mutter erzählte vom Tod ihres 38-jährigen Sohnes, der jeden Sonntag in die Kirche gegangen ist. Sie war voller Bitterkeit und Hass auf Gott, dass er ihr den Sohn genommen hatte. Ich drückte ihr mein Verständnis über die Anklage und Rebellion gegen Gott aus. Aber ich sagte ihr, die Rebellion müsse auch ein Ziel haben, sich irgendwann in den unbegreiflichen Gott hinein zu ergeben. Doch meine Worte prallten ab. Da spürte ich: Die Frau hielt an ihren Vorstellungen vom Leben und von Gott fest. Gott muss ihren Sohn lange leben lassen, wenn er jeden Sonntag in die Kirche geht. Wenn das nicht so ist, dann will sie von Gott nichts mehr wissen. Doch wenn sie bisher 70 Jahre lang an Gott festgehalten hat, wird sie persönlich zerbrechen, wenn sie Gott aus ihrem Herzen herausreißt. Trauern würde bedeuten: Ich lasse meine Vorstellung zerbrechen, dass mein Sohn mich im Alter pflegt. Ich lasse meine Vorstellung von mir selbst zerbrechen, die ich mich immer nur als Mutter verstanden habe. Und ich lasse meine Vorstellungen von Gott zerbrechen. Dann werde ich aufgebrochen für neue Möglichkeiten meines Lebens, für mein wahres Selbst und für den ganz anderen Gott, der aber trotz aller Unbegreiflichkeit Liebe ist.

Die Trauer will mich in Berührung bringen mit neuen Möglichkeiten, die in meiner Seele bereitliegen. Sie will mich aber auch zu einer neuen Beziehung zum Verstorbenen führen. Wenn ich ihn im Tod losgelassen habe, kann ich auch eine neue Beziehung zu ihm aufnehmen. Er wird zu einem inneren Begleiter. Manchmal darf ich das in Träumen erleben, in denen mir der Verstorbene ein Wort sagt, das mich weiterführt, oder mir einfach schweigend zeigt, dass es gut ist, so wie es ist. Ich darf den Verstorbenen auch bitten, mich zu begleiten, mir den Rücken zu stärken und mir einen Weg zu zeigen, den ich gehen kann. Und ich kann ihn in meiner Trauer auch fragen: »Was ist deine Botschaft an mich? Und wie möchtest Du, dass ich auf Dein Leben und Sterben antworte? Wie soll ich jetzt ohne Dich leben? Was ist Dein Impuls?« Eine Frau, die Kinder durch Totgeburt verloren hatte, konnte nach Jahren der Trauer sagen: Meine Kinder sind wie Engel, die mich begleiten und mich dazu befähigen, gerade den Zugang zu schwierigen Kindern in meiner erzieherischen und künstlerischen Arbeit zu bekommen.

Überraschung – Unerwartet beschenkt

Wenn uns ein Freund nach langer Zeit anruft, dann sagen wir oft: Du hast mich aber überrascht. Oder eine Freundin schenkt uns etwas. Wir packen es aus und sind überrascht über dieses Geschenk. Wir hätten so ein Geschenk nicht erwartet. Manchmal überrascht uns auch der Regen beim Spazieren- gehen. Wir haben nicht damit gerechnet. Oder aber es über- rascht uns ein Regenbogen, der auf einmal am Himmel erscheint. Überraschung besteht darin, dass uns etwas Unerwar- tetes in Erstaunen setzt.

Wir freuen uns, wenn wir einem Menschen eine Über- raschung bereiten können. Sein Gesicht hellt sich auf. Er freut sich über dieses Unerwartete. Und wir freuen uns mit ihm. Doch es gibt auch Menschen, die man mit nichts mehr über- raschen kann. Sie kommen gar nicht heraus aus ihrem Trott. Selbst wenn sie etwas Unerwartetes trifft, können sie sich nicht darüber freuen. Sie geben ihrer Überraschung keinen Ausdruck. In ihrem Weltbild hat nichts Neues, das sie überraschen könnte, Platz. Sie befolgen den Satz des Kohelet: »Nichts Neues unter der Sonne.« Doch das klingt resignierend und depressiv.

In der Umgangssprache verwenden wir Überraschung manchmal auch negativ. Wenn jemand uns aus heiterem Him- mel etwas vorwirft, was wir falsch gemacht haben, dann sagen wir: »Das überrascht mich jetzt, dass du das zu mir sagst.« Wir haben so eine Kritik oder Ablehnung nicht erwartet. Wir waren der Meinung, unsere Beziehung sei gut und das gemeinsame Projekt sei gut gelaufen. Wir sind überrascht, dass der andere jetzt auf einmal Gefühle zeigt, die wir von ihm nicht erwartet hätten. Oder wir sind überrascht, dass er das, was wir als positiv einschätzen, auf einmal so negativ sieht. Doch die ursprüngliche Bedeutung der Überraschung ist eine positive. Wir überraschen den anderen mit einem Geschenk, mit einem Besuch, mit einer Anerkennung, die er nicht erwartet hat.

Wir sprechen auch von göttlicher Überraschung. Wir können Gotteserfahrung weder herbei beten noch herbei meditieren. Wir können uns zwar durch Gebet und Meditation für die Erfahrung Gottes bereiten. Aber ob Gott sich uns zeigt oder nicht, das ist allein seine Sache. Es ist Gnade, die wir uns nicht verdienen können. Manchmal trifft uns Gott überraschend. Da gehen wir gedankenversunken spazieren. Und auf einmal blitzt durch die Wolken die Sonne auf. Oder im Wald gibt es ein Rauschen, das uns tief berührt. Es ist nicht ein natürliches Rauschen. Es ist wie eine spontane Antwort auf das intensive Gespräch, das wir beim Wandern geführt haben. Auf einmal haben wir den Eindruck, dass wir Gott berührt haben und Gott im Rauschen eine Antwort gibt. Und es gibt mitten im Alltag immer wieder überraschende Erfahrungen, die wir nur als göttliche Überraschung deuten können.

Erstaunen und Dankbarkeit erfüllen uns, wenn wir plötzlich mit etwas erfreut werden, ohne dass wir damit gerechnet haben.

Da begegnen wir in der Stadt einem Freund, den wir schon lange nicht mehr gesehen haben. Und schon entwickelt sich ein schönes Gespräch. Die Überraschung löst in uns immer Erstaunen und Dankbarkeit aus. Wir werden plötzlich beschenkt, ohne dass wir es erwartet haben.

Vertrauen – Sicherer Seelengrund

Wir sehnen uns alle nach Vertrauen. In der Finanzkrise wird das mangelnde Vertrauen der Banken untereinander beklagt. Wenn in einer Gruppe, etwa im Pfarrgemeinderat, oder in einem Verein oder in einer Firma oder auch in der Familie das Vertrauen verlorengegangen ist, dann tun wir uns schwer, uns weiter zu engagieren. Misstrauen lähmt uns. Es führt dazu, dass wir uns verschließen, um uns vor den anderen zu schützen. Wir beklagen das verloren gegangene Vertrauen und haben dann meistens andere im Blick, die daran schuld sind. Doch indem wir Vertrauen schenken, kann auch verlorengegangenes Vertrauen wiedergewonnen werden. Indem wir anderen vertrauen, ermutigen wir auch sie, uns zu vertrauen.

Doch wie gelingt es uns, Vertrauen zu haben und dann auch Vertrauen zu stiften? Ich kann anderen nur vertrauen, wenn ich ein gesundes Selbstvertrauen habe und wenn ich auf Gott vertraue. Selbstvertrauen, Vertrauen zum anderen und Gottvertrauen gehören zusammen. Sie unterstützen sich gegenseitig. Ich gewinne Selbstvertrauen, wenn ich darauf vertraue, dass ich von Gott ganz und gar angenommen bin. Das ermöglicht es mir, auch mich selbst anzunehmen. Und ich finde zum Selbstvertrauen, wenn ich daran glaube, dass mein wahres Selbst ein einmaliges Bild ist, das Gott sich von mir gemacht hat. Wenn ich mit diesem inneren Bild Gottes in Berührung bin, dann bin ich frei von dem Zwang, mich bei allen beliebt machen zu müssen. Selbstvertrauen heißt dann nicht, dass ich selbstsicher auftrete. Vielmehr besteht das Selbstvertrauen in einer inneren Freiheit.

Weil ich nicht abhängig bin von dem, was die Menschen von mir halten, habe ich auch Selbstvertrauen, kann ich in eine Gruppe gehen, ohne Angst, was sie von mir sagen. Und ich kann auch einem Freund oder einer Freundin vertrauen. Denn selbst wenn das Vertrauen missbraucht wird, werde ich nicht in mir zusammen fallen. Denn das Fundament, auf dem ich stehe – Gott selbst – wird mein Lebensgebäude weiterhin sicher tragen.

Viele tun sich schwer, Menschen zu vertrauen, weil sie schon einmal in ihrem Vertrauen enttäuscht worden sind. Da haben sie einem Freund etwas anvertraut. Und der erzählt es anderen weiter. Da hat man sich auf eine Freundin eingelassen, in der Hoffnung, dass es ein gemeinsamer Weg werden wird. Und dann hat die Freundin mich verlassen. Ich hatte gedacht, wir würden uns prächtig verstehen. Aber sie meint, sie könne ihr Leben mit mir nicht teilen.

Vertrauen braucht auch den Glauben an den guten Kern im anderen.

Dafür würde unsere Liebe nicht ausreichen. Wer eine solche Enttäuschung erlebt hat, tut sich schwer, sich nochmals auf eine Freundschaft einzulassen. Der Schmerz war so groß, dass er ihn nicht noch einmal erleben möchte. So verschließt er sich, obwohl er sich in seinem Innersten nach einer Freundschaft sehnt. Er möchte vertrauen, aber er kann es nicht mehr.

Was heißt: vertrauen? Das deutsche Wort Vertrauen hängt mit »treu« zusammen und bedeutet: »fest werden«. Es kann auch bedeuten: Vertrauen schenken, sich etwas zutrauen, etwas wagen. Vertrauen heißt: Stehvermögen haben, in sich selbst ruhen. Und es bedeutet, eine tragfähige Beziehung zu einem anderen Menschen haben. Wem ich vertraue, dem bin ich auch treu, zu dem stehe ich, bei dem bleibe ich. Die Sprache allein sagt uns nicht, wie wir das Vertrauen lernen können. Sie weist uns nur hin auf die Qualität des Vertrauens. Vertrauen hat mit Festigkeit zu tun und mit Treue. Ich stehe in mir fest. Ich stehe zu mir. Ich stehe für mich ein. So bin ich auch fähig, zum anderen zu stehen und ihm Vertrauen zu schenken und zugleich Vertrauen zu vermitteln. Wenn ich in mir fest stehe, dann ermögliche ich es auch dem Freund, zu dem ich stehe, dass er Stehvermögen lernt und Standfestigkeit bekommt.

Ob wir vertrauen können oder nicht, das hängt von den Erfahrungen unserer Kindheit ab. Die Mutter hat die Aufgabe, dem Kind Urvertrauen zu vermitteln. Sie gibt dem Kind das Gefühl, dass es willkommen ist auf dieser Erde. Das Kind fühlt sich von der Mutter getragen und bei ihr geborgen. Es erfährt sich als bedingungslos angenommen. Das gibt ihm Vertrauen in das Leben. Es weiß sich auch sonst getragen. Es ist nicht allein. Die Erfahrung der bergenden Mutter projiziert das Kind irgendwann auf Gott. Auch wenn die Mutter nicht da ist, weiß sich das Kind geborgen, von einer größeren Wirklichkeit, letztlich von Gott.

Indem ich an seinen guten Kern glaube, ermögliche ich dem anderen, mir zu trauen.

Der Vater vermittelt dem Kind auch Vertrauen. Aber dieses Vertrauen hat eine andere Qualität. Es ist das Vertrauen als Wagnis, in die Welt hinauszugehen, etwas zu riskieren, etwas in die Hand zu nehmen, wegzugehen von den Eltern und das eigene Leben zu leben. Der Vater stärkt dem Kind den Rücken, damit es mit gesundem Rückgrat die Kraft findet, das Leben zu bewältigen und sich seinen Stand im Leben zu erkämpfen.

Beide Arten von Vertrauen braucht das Kind, um das Leben zu erlernen. Und auch der Erwachsene wird sich immer wieder diesen beiden Formen des Vertrauens zuwenden. Er sehnt sich manchmal danach, sich fallenzulassen, getragen zu sein. Das ist dann das mütterliche Vertrauen. Er erfährt es in der Natur, wenn er sich auf die Wiese legt und sich einfach tragen lässt. Und er erfährt es in Gott, der etwa in einer romanischen Kirche ihn wie in einem Mutterschoß liebend umgibt. Und jeder Mensch braucht auch immer wieder die Erfahrung der väterlichen Qualität des Vertrauens, dass er sein Leben wieder von Neuem riskiert, dass er Verantwortung für sich und andere übernimmt.

Ganz gleich, wie viel Vertrauen mir Vater und Mutter vermittelt haben, als Erwachsener bin ich selbst verantwortlich für mein Vertrauen. Ich kann daran arbeiten, mir selbst und anderen zu vertrauen. Die Erfahrungen der Kindheit werden immer wieder in meine Versuche, zu vertrauen, hineinspielen. Aber ich bin nicht festgelegt durch die Erfahrung der Vergangenheit. Ich kann mehr Selbstvertrauen lernen, indem ich mich verabschiede von zu großen Vorstellungen, als ob ich immer selbstsicher auftreten müsste. Ich erlaube mir, so zu sein, wie ich bin, mit meinen Stärken und Schwächen. Und ich kann Vertrauen zum anderen lernen, indem ich ihm einen Vorschuss von Vertrauen gebe. Aber der Vorschuss darf nicht unbegrenzt sein. Ich spüre vielmehr, wie er auf mein Vertrauen reagiert, ob er es annimmt oder aber missbraucht. Das Vertrauen wächst. Vertrauen, das ich jemandem schenke, nährt mein Vertrauen zu ihm und sein Vertrauen zu mir. Vertrauen braucht auch den Glauben an den guten Kern im anderen. Indem ich an diesen guten Kern glaube, ermögliche ich dem anderen, mir zu trauen.

Kann man auch Vertrauen zu Gott lernen? Natürlich hängt unser Vertrauen auf Gott ab von den Kindheitserfahrungen. Aber auch da sind wir nicht festgelegt. Ich kann nicht einfach entscheiden, dass ich ab heute Gott vertrauen möchte. Aber ich kann es ausprobieren. Ich kann mir z. B. Worte der Bibel vorsagen und probieren, was sie mit mir machen, wenn ich wirklich daran glaube. Ich tue mal so, als ob sie stimmen. Dann kann das Vertrauen wachsen. Ich kann mir den Vers aus Psalm 23 vorsagen: »Muss ich auch wandern in finsterer Schlucht, ich fürchte kein Unheil. Du bist ja bei mir.« Die Worte allein bewirken noch kein Vertrauen. Doch wenn ich versuche, mit diesem Wort die Situationen meiner Angsterfahrungen anzuschauen und dieses Wort in diese Angst hinein zu sprechen, dann kann Vertrauen wachsen. Auf dem Grund meiner Seele ist schon Vertrauen. Es ist oft nur verschüttet durch meine Ängste. Das Wort des Psalms bringt mich in Berührung mit dem Vertrauen, das schon in mir ist. Und durch das Wort wird das Vertrauen stärker, so dass es auch mein Bewusstsein durchdringt. Indem ich vertraue, wird mein Vertrauen nach und nach stärker, das Selbstvertrauen, das Vertrauen zum anderen und das Vertrauen auf Gott.

Verwirrung – Verstrickt in Unklarheit

Wenn wir heute von Verwirrung sprechen, denken wir zuerst an alte Menschen, die dement sind und mit den alltäglichen Anforderungen ihres Lebens nicht mehr zurechtkommen. Doch auch jüngere betrifft das, jeder von uns kennt das: Wir sind verwirrt, wenn wir in einer Diskussion nicht mehr verstehen, worum es eigentlich geht, wenn wir die Argumente nicht mehr verstehen, die uns ständig um die Ohren schwirren. Wir sind oft auch ganz konfus, wenn wir plötzlich aus dem Schlaf aufwachen und nicht mehr genau wissen, wo wir uns gerade befinden oder welcher Wochentag es ist. Eine solche Orientierungslosigkeit entsteht etwa dann, wenn

Manchmal haben wir den Eindruck: ganz gleich, wo wir anfangen, wir kommen nicht weiter.

wir in einem fremden Bett schlafen: sei es im Hotel auf einer Reise oder zu Besuch bei Verwandten. Im ersten Augenblick wissen wir dann oft nicht, wo wir sind. Wir müssen uns dann erst langsam zurecht legen: Ich bin ja gerade in dieser Stadt, in diesem Hotel. Und heute ist dieser Tag mit diesen Terminen.

Wir sagen auch von einem Menschen, dass er wirres Zeug daherredet. Auch damit meinen wir nicht einen dementen Alten, sondern einen, der durchaus Herr seiner Sinne ist, der aber in seiner Argumentation vieles durcheinander bringt. Wir erkennen den roten Faden seiner Erzählung oder seiner Argumentation nicht. Das, was der andere uns erzählt, erscheint uns nicht stringent, unklar, unübersichtlich. Und wir sagen manchmal auch von uns selbst: Ich bin durcheinander. Damit meinen wir: Ich habe in mir keine innere Ordnung. Es geht mir soviel durch den Kopf, ich kenne mich nicht mehr aus. Ich weiß nicht, was mit mir los ist.

Es sind oft ganz bestimmte Erlebnisse, die uns verwirren. Nach einer traumatischen Erfahrung kommt es uns so vor, als seien wir ohne Halt und ohne Boden unter den Füßen. Wenn wir einen lieben Menschen durch den Tod verloren haben, erleben wir die Trauer oft als innere Verwirrung. In einer solchen Situation sind wir einem Gefühlschaos ausgesetzt. Da gerät alles in uns durcheinander. Wir haben keinen Stand mehr. Wir fühlen uns hin- und hergerissen zwischen Schmerz und Wut und Verlassenheit. Wir können die Gefühle nicht mehr ordnen. Sie überschwemmen uns. Sie bringen uns so sehr durcheinander, dass wir nicht mehr klar zu denken vermögen.

Die Verwirrung ist wie aufgewühltes Wasser. Es muss erst zur Ruhe kommen, damit wir auf den Grund sehen.

Verwirrung verbinden wir oft mit örtlichen Vorstellungen. Wenn wir uns in einer Stadt verirrt haben, wenn wir nicht mehr durchblicken, wo wir sind, sind wir verwirrt. Doch das kann auch ein Bild sein für den seelischen Zustand der Verwirrung. Wir haben keinen klaren Stand, kein Fundament, auf dem wir stehen. Wir wissen nicht, wo wir stehen. Wir wissen nicht, was wir sagen sollen, wie wir unseren Zustand erklären sollen. Es ist alles nur wirr, dunkel und unklar. Und wir wissen nicht, wo wir anfangen sollen, den inneren Knäuel zu entwirren. Wir haben den Eindruck: ganz gleich, wo wir anfangen, wir kommen nicht weiter, wir verstricken uns immer mehr in Unklarheit und in ein emotionales Chaos.

Die Frage ist, wie wir mit diesem Zustand umgehen sollen. *Der erste Schritt* wäre: einfach einmal stehen bleiben. Die Verwirrung ist wie aufgewühltes Wasser. Es muss erst zur Ruhe kommen, damit wir auf den Grund sehen. So müssen wir zuerst einmal stehen bleiben, damit die Turbulenzen in unserer Seele zur Ruhe kommen. Stehen bleiben bedeutet: still werden. Denn »Still« kommen von »stellen, stehen bleiben«. Wenn ich still werde, kann sich die Verwirrung klären. Ich grüble nicht nach über die verschiedenen Gedanken und Gefühle, die in meinem Kopf herum irren. Ich bleibe einfach stehen, damit die Gefühle sich beruhigen und manches Chaos sich ordnet.

Der zweite Schritt wäre, in der Verwirrung die einzelnen Gefühle und Gedankenfetzen heraus zu filtern und sie einzeln, je für sich anzuschauen. Was will mir dieses oder jenes Gefühl oder dieser Gedanke sagen? Warum taucht er in mir auf? Welche Sehnsucht steckt dahinter? Wenn ich bei einem Gedanken stehen bleibe und ihn genauer anschaue, klären sich manchmal auch die Gedanken im Umfeld. Die frühen Mönche haben das Gefühl in einem Bild beschrieben. Es ist wie wenn wir von einem Fliegenschwarm überfallen werden. Die Mönche haben dann auch einen Rat für eine solche Situation: Man soll die einzelnen Fliegen ergreifen und sich mit ihnen auseinandersetzen. Wenn wir das in einer Situation der Verwirrung tun – dann kommt langsam wieder Ordnung in unser Denken und in unser Gemüt.

Verzweiflung – Jenseits der Zuversicht

Verzweiflung – so sagen die Philosophen – ist die affektive Reaktion auf die Ausweglosigkeit, die wir erfahren. Josef Pieper, der deutsche Philosoph, nennt die Verzweiflung die »Vorwegnahme der Nicht-Erfüllung«. Ich gebe mich selber auf. Ich glaube nicht mehr an eine Erfüllung. Alles ist sinnlos, ausweglos. Ich sehe keinen Sinn in meinem Leben. Und ich habe keine Hoffnung, dass mein Leben sich irgendwann bessern könnte. Verzweiflung ist immer auch Hoffnungslosigkeit. Das drückt auch das lateinische Wort für Verzweiflung aus: »desperatio – das Fehlen der Hoffnung«. Die verzweifelte Stimmung umfasst den ganzen Menschen. Alles ist für ihn ausweglos. Alles ist dunkel. Es gibt keine Hoffnung auf Sinn und auf Besserung. Man fühlt sich in einer verzweifelten Lage, wenn es einfach keinen Weg aus ihr heraus gibt, wenn alles Kämpfen sinnlos erscheint. Man weiß nicht, wo man anfangen könnte, etwas zu ändern. Die Verzweiflung drückt sich aus in einer großen Niedergeschlagenheit. Man fühlt sich wie gelähmt. Und manchmal ähnelt dann die Verzweiflung auch der Depression. Man sieht alles nur durch eine dunkle verzweifelte Brille, die nirgends mehr Hoffnung erblickt. Verzweiflung ist ein bedrückendes Gefühl der Ausweglosigkeit und der Resignation. Alles ist umsonst. Alles ist zwecklos. Es gibt keine Hoffnung. Es gibt kein sinnerfülltes Leben.

Wenn ich meine Verzweiflung zulasse, aber sie zugleich mit meiner Sehnsucht verbinde, vermag mich diese Spannung zu dem unbegreiflichen Gott zu führen.

Sören Kierkegaard, der dänische Religionsphilosoph, hat über die Verzweiflung geschrieben und hat dabei vor allem die Verzweiflung an sich selbst im Blick. Er nennt sie »Krankheit zum Tode«. Die Verzweiflung ist für ihn die »Sünde schlechthin«, denn sie zerstört meine Beziehung zu Gott und auch zu mir selbst. Die Theologie unterscheidet eine Verzweiflung der Schwäche, die sich in der Unfähigkeit ausdrückt, sich selbst anzunehmen und dem Leben zu trauen, und eine Verzweiflung der Stärke, in der ich meinen Pseudo-Heroismus zur Schau trage. Weil ich an Gott verzweifle, setze

Den unbegreiflichen Gott kann ich in meiner Verzweiflung nur erahnen als die Erfüllung meiner tiefsten Sehnsucht.

ich mich selbst an die Stelle Gottes. Ich tue so, als ob ich alles im Griff habe. Aber diese Verzweiflung führt in das Verderben. Denn irgendwann werde ich meiner Begrenztheit begegnen.

Die Verzweiflung ist das Gefühl der Aussichtslosigkeit und Hoffnungslosigkeit. Und wo keine Hoffnung ist, da ist Tod, da ist Erstarrung, Verzweiflung. Ich verzweifle an mir selbst. Ich werde es nie im Leben schaffen, mich zu bessern, mein Leben in die Hand zu bekommen. Diese Verzweiflung bricht am Anfang noch in Tränen aus. Doch irgendwann lässt die Verzweiflung den Tränenfluss versiegen. Da ist nur noch leere Verzweiflung: Alles, worauf ich die Hoffnung gesetzt habe, ist mir zerbrochen.

Friedrich Nietzsche kennt das Gefühl der Verzweiflung. Doch er meint, dass die Verzweiflung an sich selbst und am Leben gerade oft zum Sprungbrett werden kann zu einer tieferen Erfahrung. Er nennt diese tiefere Erfahrung: Mystik. Ihm wird der Satz zugeschrieben: »Wo Verzweiflung und Sehnsucht sich paaren, da ist Mystik.« Wenn ich nicht in der Verzweiflung stecken bleibe, sie aber auch nicht überspringe, sondern sie zulasse, aber sie zugleich mit meiner Sehnsucht verbinde, dann führt mich die Spannung zwischen Verzweiflung und Sehnsucht

zu Gott, nicht zu dem Gott, den ich zu besitzen vermag, sondern zu dem unbegreiflichen Gott, den ich in meiner Verzweiflung nur erahnen kann als die Erfüllung meiner tiefsten Sehnsucht.

Vorfreude – Öffnung des Herzens

$\mathcal{D}$ie Vorfreude ist eine eigene Art von Freude. Kinder spüren diese Vorfreude vor jedem Fest, natürlich vor allem vor Weihnachten. Sie freuen sich auf ihren Geburtstag, sie freuen sich auf Weihnachten, sie leben jetzt schon auf den Urlaub hin, indem sie seine Vergnügungen vorwegnehmen. Sie genießen diese Vorfreude. Die Vorfreude verwandelt jetzt schon ihre Stimmung. Sie sind ganz gespannt auf das Ereignis, das ihre Vorfreude erfüllt. Die Vorwegnahme verwandelt ihren Alltag, gibt ihm Spannung. Sie sind bereits in der Gegenwart in ihren Gefühlen ganz ausgespannt auf das künftige Ereignis. Es wirft nicht seinen Schatten, sondern sein Licht voraus.

Die Vorfreude ist unabhängig von der tatsächlichen Erfüllung meines Wunsches.

Manche meinen, Vorfreude könne doch nur zur Enttäuschung führen. Denn wenn Weihnachten oder der Geburtstag nicht so verläuft, wie ich es mir in der Vorwegnahme vorgestellt habe, dann bin ich enttäuscht. Dann werde ich das Fest gar nicht genießen können. Das gilt jedoch nur für eine Vorfreude, die für das Fest feste Vorstellungen hat. Andere sagen daher: Die Vorfreude kann mir niemand nehmen. Selbst wenn Weihnachten nicht so ideal in der Familie verläuft, das Gefühl der Vorfreude gehört mir. Und niemand kann es mir madig machen. Denn die Vorfreude ist ja unabhängig von der Erfüllung dieser Freude. Sie verwandelt jetzt schon mein Leben.

Wenn ich mich auf meinen nächsten Urlaub freue, dann bin ich nicht fixiert darauf, wie der Urlaub unbedingt ablaufen müsste. Vielleicht freue ich mich auf die Rituale, die wir im letzten Urlaub miteinander gefeiert haben: dass wir abends nach einer anstrengenden Wanderung das gemeinsame Kochen und Essen und den Rotwein dazu genossen haben. Und ich erinnere mich daran, wie schön es war, das gemeinsame Essen dann immer mit einem Eis zu beenden und ganz zuletzt den Abend mit einem Schlehenschnaps zu beschließen. Meine Vorfreude lebt also auch von der Erinnerung an den vergangenen Urlaub. Der nächste Urlaub muss keineswegs genauso verlaufen. Ich habe ja auch keinen Einfluss auf das Wetter. Die Landschaft wird eine andere sein, die Pension wird neu sein. Aber trotzdem freue ich mich schon lange vorher auf die freie Zeit. Ich weiß: Ich werde dann alle Sorgen einmal loslassen und mich einfach dem Wandern überlassen können und ich werde das Miteinander mit den Geschwistern genießen. Nur wenn die Vorfreude fixiert ist auf bestimmte Erfahrungen, dann werde ich durch den verregneten Urlaub enttäuscht. Und auch wenn einmal das Wetter den Wanderplänen einen Strich durch die Rechnung macht: Die Vorfreude war da. Sie hat mich wochenlang beschäftigt und mich vor dem Urlaub in meiner Müdigkeit wach gehalten. Die Vorfreude kann mich öffnen, damit ich dann den Urlaub wirklich genieße. Ich erinnere mich gerne an die Art, wie wir das letzte Jahr gefeiert haben. Und so lasse ich mich wieder auf die Feier ein. Aber sie muss nicht genauso ablaufen wie im letzten Jahr. Wir alle sind anders geworden. Wir feiern mit dem, was uns gerade bewegt. Aber die Vorfreude öffnet unser Herz für das abendliche Zusammensein, für das Genießen des gemeinsamen Mahles.

Wenn wir kochen, wächst schon beim Kochen die Vorfreude auf das Essen. Wenn wir die Koffer packen, belebt uns die Erwartung, im Urlaub eine ganz andere Weise des Lebens zu

Vorfreude verwandelt jetzt schon mein Leben. Keiner kann mir diese Freude mehr nehmen.

erspüren. Wenn sich ein Besuch angemeldet hat, spüre ich die Vorfreude, den Freund, die Freundin nach langer Zeit wieder zu treffen, mit ihr, mit ihm einen schönen Abend zu verbringen, uns miteinander auszutauschen. Die Vorfreude bewahrt mich davor, den Besuch als Routine abzuhaken. Sie öffnet mich innerlich so, dass ich das Besondere der Situation wahrnehme, dass ich den anderen bewusst begrüße und mich ganz auf die Begegnung einlasse. Vorfreude gehört also schon deswegen zu den schönsten Freuden, weil sie uns fähig macht, dann, wenn die Spannung der Erwartung sich löst, auch zu genießen was unsere Vorfreude ausgelöst hat und uns daran wirklich und lebhaft zu erfreuen.

Zorn und Wut – Beherrschen, sich nicht beherrschen lassen

Zorn ist ein elementarer emotionaler Affekt und eine Form der Aggression. Aggressionen gehören zum Leben und sind eine wichtige Lebensenergie. Das meint also noch nichts Negatives, denn Aggressionen wollen das Verhältnis von Nähe und Distanz regeln. Wenn ich aggressiv werde, ist das immer ein Indiz dafür, dass jemand meine Grenze überschritten hat. Die Aggression sollte mich bewegen, meine Grenzen zu schützen. Doch Zorn ist eine sehr heftige Emotion. Ich werde zornig, wenn jemand meine Grenzen überschreitet. Und der Zorn kann mich dazu führen, dass ich den, der mich erzürnt hat, töte. So steht es schon in der Ilias des großen griechischen Dichters Homer: Der Held Achilles wird von Zorn erfüllt, als Hektor seinen Freund Patroklos tötet. Der Zorn macht den Achilles rasend und gibt ihm übermenschliche Kräfte.

Verwandt mit dem Zorn ist die Wut. Auch sie ist eine heftige Emotion. Aber die Psychologie nennt sie einen »Primitivaffekt«. Wut ist blind, explosiv und unkontrolliert. Sie kann sich gewalttätig auch gegen unbelebte Dinge richten. Das Kind schlägt wütend auf die Tischecke ein, an der es sich gestoßen hat. Zornig wird man nur auf Menschen. Der Zorn ist die Kraft, gegen diese Menschen vorzugehen. Doch der Zorn kann einen Menschen so heftig erregen, dass er jedes Maß überschreitet und maßlos gegen den anderen vorgeht, ja sogar bis zur Tötung.

Die Bibel spricht vom »heiligen Zorn«. Gott erzürnt, wenn die Menschen sündigen und von ihm abfallen. Diesen Zorn kennt auch Jesus. Als er die Händler mit einer Geißel attackiert und sie empört und zornentbrannt aus dem Tempel jagt, sie richtiggehend hinauswirft, erinnert das die Jünger an das Wort aus Psalm 69: »Der Eifer für dein Haus verzehrt mich.« (Joh 2,17) Und ein anderes Mal wird geschildert, dass Jesus die Pharisäer, die ihn daran hindern wollen, einen Kranken am Sabbat zu heilen, zornig anschaut. »Er sah sie der Reihe nach an, voll Zorn und Trauer über ihr verstocktes Herz.« (Mk 3,5) Jesus schreit nicht an. Er explodiert nicht. Er lässt sich auch nicht vom Zorn hinreißen. Der Zorn ist vielmehr die Kraft, sich gegen die Pharisäer zu wenden, sich von ihrer Herzenshärte nicht anstecken und bestimmen zu lassen. Der Zorn ist die Kraft, das zu tun, was Jesus für richtig hält: Er sagt zu dem Mann mit der verdorrten Hand: »Streck deine Hand aus!« (Mk 3,5) Zorn ist da eine Emotion, die Jesus mit seiner eigenen Kraft, letztlich mit seiner göttlichen Kraft, in Berührung bringt.

Der Zorn kann uns so rasend machen, dass wir Dinge tun, die wir nachher bereuen. Er ist eine so heftige Emotion, dass sie unseren Verstand zu verdunkeln und auszuschalten vermag. Dann schadet sie nicht nur dem Gegenüber, also dem Menschen, dem wir voller Zorn Worte entgegenschleudern oder gar, wenn entsprechende Waffen zur Hand sind, Pfeile oder Kugeln, sondern auch uns selbst. Denn wir tun etwas, was gegen unseren Verstand ist. Der Zorn, den Jesus spürt, führt ihn dazu, sich von den Pharisäern zu distanzieren und das zu tun, was er für richtig hält. Auch für uns gilt: Wenn wir einen heftigen Zorn in uns spüren, ist das immer ein Zeichen, dass ein anderer unsere Grenzen verletzt hat. Wir sollten den Zorn nicht unterdrücken, uns aber auch nicht von ihm bestimmen lassen, so dass unser Verstand ausgeschaltet wird. Vielmehr ist der Zorn ein Zeichen, dass wir mit unserer Aggressionskraft auf angemessene Weise umgehen sollen. Was wir tun

Den Zorn zu kraftvollem Tun zu nutzen, ist etwas grundlegend anderes als sich von ihm hinreißen und beherrschen zu lassen.

sollen: entweder uns besser abgrenzen oder den anderen in seine Grenzen verweisen. Freilich sollten wir das in Klarheit und Freiheit tun. Der Zorn sollte zu einer Kraftquelle werden, aus der wir schöpfen, und nicht zu einer unkontrollierbaren Emotion, die uns aus unserer Mitte heraus treibt. Den Zorn zu kraftvollem Tun zu nutzen, ist etwas grundlegend anderes als sich von ihm hinreißen und beherrschen zu lassen. Dann kann unser Zorn zu einem heiligen Zorn werden, der heilsam ist für die Menschen. Jesus hat uns vorgemacht, wie wir mit unserem Zorn umgehen sollen: Wir sollen ihn verwandeln in eine Kraft, die das Leben schützt und für das Leben kämpft.

Zuversicht – Vertrauen mit Hoffnung gepaart

Zuversicht wendet sich voller Hoffnung und Vertrauen der Zukunft zu. In einer Zeit, in der sich angesichts realer Schwierigkeiten und unübersehbarer Probleme nicht nur immer mehr Resignation und Unzufriedenheit breitmachen, sondern auch Schwarzseher und Hellseher Konjunktur haben, die beide eine apokalyptische Zukunft beschwören, haben wir diese Emotion der Zuversicht bitter nötig. Prophezeiungen, die das Ende der Welt verkünden, finden in unseren Tagen große Resonanz. Natürlich kann keiner dafür garantieren, dass unsere Welt noch lange im Gleichgewicht bleibt und die menschlichen Verrücktheiten überlebt. Aber die Lust, den Untergang zu prophezeien, sagt mehr über die Psyche der selbst ernannten Propheten als über die Realität unserer Welt aus. Weil sie ihr eigenes Leben als Katastrophe erleben und unbewusst den Wunsch hegen, dass dieses verpfuschte Leben möglichst bald zu Ende geht, projizieren sie ihre eigene Situation in die Welt hinein und erwarten den Weltuntergang – und das möglichst bald. Ihre innere Destruktivität drückt sich darin aus, dass sie sich den Weltuntergang in einem Szenario mit grellsten Farben ausmalen. Da die Angst vor der Zukunft heute weit verbreitet ist, treffen solche falschen Propheten eine empfindliche Stelle in der menschlichen Seele und gewinnen so Macht über viele ängstliche Menschen.

Die Zuversicht ist die Überzeugung, dass uns eine gute Zukunft erwartet und dass es sich lohnt, an dieser Zukunft selbst mitzuarbeiten.

Da bräuchten wir die Haltung der Zuversicht und des Zutrauens. Zuversicht kommt von sehen: mit den Augen verfolgen, was geschieht. In einem spirituellen Verständnis meint diese Haltung also, dass ich zusehe, wie Gott alles lenkt und leitet, wie er seine Engel aussendet, um diese Welt nicht dem Unheil zu überlassen, sondern alles zum Guten zu wenden. In solcher Zuversicht lasse ich mich nicht erschüttern von pessimistischen Prognosen. Ich setze dabei allerdings auch keine rosarote Brille auf, um der Wirklichkeit aus dem Weg zu gehen. Ich mache mir keine Illusionen über den Zustand der Welt. Ich erkenne, was ist. Aber ich resigniere nicht. Denn ich weiß, dass diese Welt in Gottes Hand ist, dass die Menschen keine letzte Macht über diese Welt haben. Die Zuversicht sieht mehr als das bloß Vorhandene. Sie sieht mehr als die Probleme, die die Schlagzeilen der Medien bestimmen. Sie sieht zusätzlich zu allem Äußeren die innnerste Wirklichkeit aller Dinge, sie sieht den Dingen auf den Grund. Sie vertraut auf Gottes Engel, die mit uns durch diese Welt gehen und die ihre schützende Hand über unser Land und unsere Erde halten und gewinnt gerade aus dieser Sicht die Kraft zur aktiven und kreativen Gestaltung des eigenen Lebens und unserer Welt.

Zuversicht ist mit Vertrauen und Hoffnung gepaart. Wenn jemand mit Zuversicht erfüllt ist, spricht er auch mit Vertrauen über die Zukunft. Er hat eine optimistische Sicht auf das, was auf uns zukommt. Die Zuversicht ist also die Überzeugung, dass uns eine gute Zukunft erwartet und dass es sich lohnt, an dieser Zukunft selbst mit zu arbeiten. Dass Zuversicht mit sehen zu tun hat, stärkt auch meine Haltung der Welt gegenüber: Ich habe meine Augen geöffnet und gehe sehenden Auges in die Zukunft. Aber ich sehe das, was kommt, auch zusammen mit dem, was war, stärke meine Zuversicht also auch aus dem, was ich bisher gesehen habe.

Das deutsche Wort »Zuversicht« ist aus drei Worten zusammengesetzt. Da ist einmal das Sehen. Zuversicht verlangt ein

realistisches Sehen der Wirklichkeit. Die Präposition »ver« entspricht den lateinischen Worten »pro« und »per«: Es ist ein
Sehen für andere. Ich sehe genau hin, stellvertretend für alle
die, die ihre Augen noch verschlossen haben. Und ich bleibe
nicht am Vordergründigen hängen. Ich blicke durch und schaue
tiefer – auf den Grund.

Dazu kommt seltsamerweise eine zweite Präposition: »Zu«,
also die Ausrichtung auf ein Ziel hin, auf eine zukünftige Zeit
oder ein zukünftiges Ereignis. Ich sehe, um ein Ziel zu erreichen, aber nicht, um es allein zu erreichen, sondern mit anderen.
So ist die Zuversicht also eine Emotion, die nicht nur uns
Selbstvertrauen gibt und in unserem Selbstwert stärkt, sondern
auch andere ansteckt und uns gemeinsam ein Ziel anstreben
und auch erreichen lässt.

Nachwort

Wir haben einzelne Emotionen angeschaut. Und wir haben festgestellt, dass Emotionen eine starke Kraftquelle sind. Sie motivieren uns, etwas anzupacken. Sie verleihen uns Kraft, mit Leidenschaft uns für etwas einzusetzen. Aber die Emotionen können uns auch heftig bewegen, ohne dass sie auf ein bestimmtes und konkretes Ziel gerichtet sind. Sie können uns beherrschen. Dann sind sie keine Kraftquelle mehr, die uns antreibt, sondern eher eine Macht, die *uns* beherrscht und die unsere seelischen Kräfte bindet. Sie können uns sogar so aufwühlen, dass wir nicht mehr klar sehen und nicht mehr wissen, was wir denken und was wir tun sollten.

Die Ambivalenz der Emotionen ist uns beim Betrachten immer wieder aufgegangen. Ob sie für uns zu einer Quelle werden, die uns Kraft schenkt, oder ob sie uns lähmen, das hängt an uns, an unserem Umgang mit ihnen. Bei allen Emotionen ging es immer darum, die Emotion anzuschauen, mit ihr ins Gespräch zu kommen, ihre Berechtigung und ihren Sinn zu erfragen, und zu überlegen, wie die Emotion zu einer positiven Kraft für unser Leben werden kann.

Die andere wichtige Bedeutung der Emotion ist, dass sie uns in Beziehung bringt zu den Menschen. Was wir in unserer Seele spüren und auch nach außen ausdrücken, das bringt uns in Beziehung zu den andern Menschen. Wer seine Emotionen abschneidet, wird unfähig, mit einem andern Menschen in eine emotionale Resonanz zu gelangen. Er wird vielleicht viele Kontakte haben, aber keine wirkliche Beziehung. Das Wissen um die eigenen Emotionen und das Vertrautsein mit ihnen öffnet unser Herz für das Herz des andern. Denn das Herz ist nie rein rational. Es ist immer von Emotionen erfüllt. Indem wir die eigenen Emotionen wahrnehmen, werden wir offen für den andern, und wenn wir den anderen mit seinen Emotionen spüren kommen wir so in Berührung mit seiner Person. Denn die Person des andern begegnet uns nicht so sehr in den rationalen Argumenten, die er im Gespräch mit uns vorbringt, sondern vielmehr in den Gefühlen, die er uns zeigt. Sie sind ein Zugang zu unserer eigenen Person. Es geht immer um uns selbst und unsere einmalige Gestalt, die von unserer persönlichen Lebensgeschichte geformt wurde. Und es geht immer um die Beziehung zum andern Menschen. Wenn wir unsere Emotionen zulassen und dem andern zeigen, dann entsteht eine Resonanz, ein Zusammenklingen der Emotionen, unserer eigenen mit denen des Menschen, mit dem wir sprechen, dem wir begegnen.

Das Nachdenken über unsere Emotionen bewahrt uns davor, zu einer »Emotionsnudel« zu werden, die sich nur von Emotionen leiten lässt und auf die man sich nicht verlassen kann. Das Anschauen der Emotionen und das Gespräch mit ihnen führt uns dazu, dass wir unsere Gefühle als Kraftquelle und als Befähigung zur echten Begegnung mit dem andern erleben dürfen. Ein solches Bedenken befähigt uns dazu, dass wir die Emotionen haben, anstatt das sie uns im Griff haben. Wenn wir mit ihnen aktiv umgehen, dann werden sie wahrhaft zu einem Segen für uns und für die Begegnung mit andern. Dann befähigen sie uns zu einem menschlichen Miteinander, zu einer Begegnung, die von Liebe und Menschlichkeit, von Wärme und emotionaler Nähe geprägt ist.

Literatur

Verena Kast, Freude, Inspiration, Hoffnung, München 1997

Ulrich Luz, Evangelium nach Matthäus, Zürich-Neukirchen 1985–1995

Karl Rahner, Reue, in: SM IV, 300–306